Josef Ludwig Szopinski

Thai rak Thai

Wia im richtigen Leb'n

Vorwort:

Der Titel meines Buches - "Thai rak Thai"
- bedeutet übrigens "Thai liebt Thai".

So heißt nämlich die Partei des "noch" (was sich jedoch im Verlaufe des Buches ändert) regierenden Premierministers Taksin.

Das „Thai rak Thai" spiegelt die Einstellung der Thai's wider.

Taksin bekam daher bei seiner Wahl mehr als 80% aller Wählerstimmen.

Beim Lesen des Buches werden Sie sich vielleicht irgendwann einmal fragen, warum ich überhaupt noch in Thailand verweile, wo ich doch scheinbar der Meinung bin, daß Thailand so schön wäre ohne Thai's (mit dieser Meinung stehe ich übrigens nicht alleine da).

Aber seien wir doch einmal ehrlich, solche Geschichten könnten wir doch in und von jedem Land der Welt erzählen und irgendwo müssen wir ja schließlich leben.

Also, warum nicht hier, wo wenigsten die Lebensqualität sehr hoch, aber die Lebenshaltungskosten sehr niedrig sind.

Außerdem schreibe ich in meinem Buch nicht nur Geschichten von Thai's, die gegen Farang's sind, sondern einfach nur nette Anekdoten aus dem täglichen Leben.

Manchmal schreibe ich auch einfach nur über das Allgemeinverhalten oder die Kurzsichtigkeit der Thai's.

Sie müssen auch wissen, daß man in Thailand viel geben muß, um wenig zu bekommen

Meine Storys sollen nicht thaifeindlich rüberkommen, aber man kann nicht immer die Augen vor allem verschließen.

Wenn man immer nur zum Uhr-Laub (Urlaub) suchen nach Thailand kommt, dann sieht man das Land lediglich durch eine Sonnenbrille.

Erst wenn man diese einmal absetzt, dann kann man auch ein wenig hinter die Kulissen blicken.

Meine Geschichten stammen übrigens ausschließlich aus erster oder zweiter Hand, niemals aus dritter Hand, es muß alles nachvollziehbar sein.

Wenn es jedoch bei Ihnen so ankommt, daß ich schlecht über die Thai's spreche, dann meine ich natürlich nicht alle Thai's; Sie wissen ja

"Ausnahmen bestätigen die Regel".

Sie alle kennen vermutlich das Wort **"Farang"**, aber ich denke nur wenige wissen was es wirklich heißt.

Nein, es heißt nicht **"Langnase"**, **"Ausländer"**, **"Weisser"** oder was auch immer.

Ein "Farang" ist der "Käfer, der in der Kuhscheiße lebt" - ist diese Respektlosigkeit zu fassen ?

Aber wir dürfen nicht alle Thai's verurteilen (eigentlich schon, haha).

Die jüngere Generation, bis zu 30/35 Jahren sind sich der Bedeutung dieses alten Wortes gar nicht mehr bewußt.

Sie sagen es halt, weil es immer schon gesagt wurde.

Nur viele Ältere (nicht alle) über 35/40 Jahre, sagen dieses Wort mit Absicht, um so ihre Verachtung für uns auszudrükken.

Lassen Sie sich jetzt aber bloß nicht Ihre gute Laune verderben, lehnen Sie sich zurück und genießen das Buch als das, wie es gemeint ist, nämlich als eine

informative, unterhaltsame, witzige und auch lehrreiche Lektüre.

Viel Spaß beim Lesen

vorher:

Im ersten Jahr (1981) meiner Asienurlaubsreisen wohnte ich, unter anderem, auch im Prince Hotel in Bangkok.

Da ich noch nie vorher (daher "im ersten Jahr") in Bangkok, geschweige denn in Thailand war, blieb ich in dieser großen Stadt, mit ca. 12 Mio. Einwohner, 3 Nächte, um mir die wichtigsten Sehenswürdigkeiten anzusehen.

Ich bin also den ersten Tag unterwegs und wollte gegen Spätnachmittag, völlig durchgeschwitzt und schlaff (nicht was Sie schon wieder denken), mit einem Taxi zurück ins Hotel fahren.

Leider hatte ich vergessen, eine Visitenkarte des Hotels, was ich Ihnen übrigens auf Ihren Urlaubsreisen dringendst empfehle, mitzunehmen.

Ach was soll's, dachte ich mir, der Taxifahrer wird schon wissen wo das Hotel ist.

Es war ja auch kein kleines Hotel.

Ich hatte recht, er wußte es, aber so weit sind wir noch lange nicht.

Es stoppte tatsächlich sofort ein Taxi, ich stieg ein und sagte zu dem Fahrer

"Prince Hotel please".

Das "Hotel please" verstand der gute Mann auf Anhieb, aber mit dem Rest hatte er gewisse Probleme.

Okay, vielleicht hatte ich das Wort ja auch falsch betont, denn es gibt in Thailand für nahezu jedes Wort fünf verschiedene Bedeutungen, je nach Betonung.

Also, ein neuer Versuch:

- **"Prince Hotel please"** - keine Chance.
- **"Hotel Prince please"** (man beachte die Reihenfolge der Worte) - vergebens.

Jetzt schrie ich schon fast (natürlich nur wegen der Betonung):

- **"Prince Hotel"** (ohne please - ich war schon stinksauer und sah mich schon irgendwo schlafen, nur nicht in meinem Hotel) – wieder nichts.

Rien ne va plus, d.h. nichts geht mehr, ich war am Ende meiner Kräfte, meiner Nerven und meiner Weisheiten (falls es da jemals welche gegeben hatte).

Einem Herzinfarkt nahe unternahm ich einen letzten kläglichen Versuch:

"Plince Hotel please"

Da kam die Antwort:

"ah, Plince Hotel"

Der Fahrer lächelte milde und brachte mich tatsächlich zu meinem Hotel.

Leider ist nicht jede meiner Geschichten so nett wie die letzte.

Die Thai's sind, ähnlich wie die Vietnamesen, ein sehr aggressives und herrisches Volk.

Meine nächste Geschichte spielte sich im selben Jahr ab.

So setzte ich mich mit einem anderen Urlauber, der allerdings schon über sechzig war, zusammen in ein Sammeltaxi, das damals pro Person nur zwei Baht kostete und baten den Fahrer, uns zum Wong-A-Mat Strand zu bringen.

Für diese Fahrt vereinbarten wir den Preis von fünf Baht pro Person, denn er mußte dazu einmal links von seiner Route abbiegen und ca. hundert Meter weit in die Straße hineinfahren.

Außerdem hatten wir das schon die Tage vorher mehrfach praktiziert und kannten daher den Preis.

Der Jeepney setzte uns jedoch vorne an der Straße ab und meinte, er könne uns nicht reinfahren, wir sollen den Rest des Weges zu Fuß gehen.

Dafür forderte er, statt der üblichen zwei, dennoch fünf Baht.

Wegen sowenig Geld streitet man dann auch nicht rum, noch dazu wenn man einen älteren Mann dabei hat.

Ich hatte jedoch nur einen 20 Baht Schein und hielt diesen solange in der Hand bis ich das Wechselgeld bekommen würde.

Da war aber überhaupt nicht daran zu denken, der Thai wollte die ganzen 20 Baht einsacken.

Jetzt ging es mir aber nicht mehr ums Geld, sondern ums Prinzip.

Der Thai wurde immer lauter und aggressiver, bis ich kurzerhand den 20-Baht Schein in der Mitte zerriß und ihm die Hälfte vor die Füße schmiss.

Ich wurde nun ebenfalls laut und meinte, „wenn er mir mein Wechselgeld geben würde, dann könnte er gerne auch die zweite Hälfte haben".

„Auweia", da hatte ich aber was angestellt, in meinem hitzigen jugendlichen Leichtsinn.

Ich hatte seinen König, der übrigens auf jedem Geldschein in Thailand ist, zerrissen.
Seinen ach so heißgeliebten, hochgeschätzten König.

Ich meine, es soll ja ein sehr guter und netter König sein, aber ich denke nicht, daß ihm das zerreißen des Geldscheins wehgetan hat.

Aber scheinbar dem Jeepneyfahrer, denn der holte mit schmerzverzerrtem Gesicht sein Wagenkreuz heraus und wollte auf mich losgehen - lustig -.

Als er nämlich sah, daß ich, wider seinen Erwartungen, nicht weglief, sondern ihm entgegenging, stutzte er und fing an rumzukreischen.

Ich teilte ihm dann mit, daß ich ihm sein Wagenkreuz so hinten reinstecken werde, daß er es, selbst, oben wieder herausziehen könne.

Sie wissen ja wie das so ist, wenn dann doch keiner anfängt (und ich wollte sicher nicht der sein, der in einem fremden Land eine Schlägerei anfängt, die mit dem herausoperieren eines Wagenkreuzes enden würde).

Außerdem machte sich mein, älterer, Begleiter auch langsam ins Höschen.

Da nahm ich dann den zweiten halben Geldschein und warf ihn ihm ebenso vor die Füße, immer darauf achtend, daß es ihm auch richtig wehtat (ein Papier das weh tut, ich lach mich weg), drehten uns um und gingen schwimmen.

Seit dieser Geschichte mietete ich für meine gesamten Aufenthalte in Pattaya immer einen Roller.

Sie müssen wissen, ein Roller kostete damals nur etwa eine Mark fünfzig pro Tag, das kann man sich schon mal leisten, oder ?

Ich blieb dieses Mal etwa 2,5 Wochen in Pattaya und hatte mir, wie die Jahre vorher auch schon immer, einen Roller bei dem gleichen Verleiher gemietet.

Eigentlich brauchte ich ja gar keinen Roller, aber ich war einfach gehfaul und wollte zum Strand und am Abend, wenn ich in die Disco ging (damals war ich noch jünger, stellen Sie sich mal vor) mit dem Roller fahren.

Außerdem, was waren schon eine Mark fünfzig ?

Eines Abends, es war noch nicht mal so spät, ich kam gerade aus einer Bar und wollte auf meinen Roller steigen, der übrigens immer doppelt gesichert war und zwar erstens mit dem Lenkradschloss und dann noch zusätzlich mit einem Kettenschloss, das mir der Vermieter persönlich ausgehändigt hatte, doch der war verschwunden.

Erst dachte ich, ich hätte ihn woanders geparkt, aber nachdem ich eine halbe Stunde die Straße, vollkommen hektisch, auf und ab gesucht habe, kam ich dann zu dem verheerenden Schluss - geklaut -. Schöne Bescherung!

Natürlich ging ich sofort auf die Polizeistation, um den Diebstahl zu melden, was man halt als anständiger Bürger so macht.

Die schickten mich jedoch wieder weg, häh ?????

Ich sollte mit dem Vermieter wieder kommen.
Jetzt frage ich Sie, was hat der Vermieter mit meiner Diebstahlsanzeige zu tun ???????

Auf dem Weg nach draußen (aus dem Polizei-revier) dachte ich ein wenig nach.
Die Angelegenheit kam mir plötzlich nicht mehr so koscher vor.

Ich fuhr zu meinem Stammhotel, in dem ich schon mehrere Jahre abstieg und wo ich auch, angenehm, bekannt war (ich könnte ja auch unangenehm bekannt sein, das wäre dann sicherlich nicht so hilfreich gewesen) und erzählte dem Personal an der Rezeption, was mir passiert ist, inklusive der Sache mit der Polizeistation.

Da nahm mich einer der „besonders netten" Boy's (jetzt können Sie sich denken, was Sie wollen) zur Seite, (jetzt denken Sie aber zuviel) und teilte mir, vertraulich, mit, daß dies die Masche der Mopedverleiher wäre - sie stehlen ihr eigenes Moped/Roller und verstecken es, bis der „Tourie" wieder heim fliegt.

Der „angeblich" bestohlene Tourist muß dann den Neupreis eines Rollers zahlen, der gewöhnlich bei etwa ein- bis zweitausend Euro liegt und der Vermieter macht dann mit der Polizei fifty fifty (das hab ich aber jetzt nicht gesagt).

Ich kann aber nicht sagen (um das ganze ein wenig abzuschwächen), ob diese Praxis noch heute angewendet wird, aber momentan bin ich gerade auf Phuket und ein Freund hat mich, vor meiner Abreise, auch davor gewarnt.

„Tja, nun war guter Rat teuer" und zwar sehr teuer.

Gut, an diesem Abend konnte ich ohnehin nichts mehr ausrichten und bis zum nächsten Tag würde mir schon was einfallen.

Ich bin immerhin ein kleiner Lebenskünstler.

Und so war es dann auch.

Ich hatte mir nochmals den Mietvertrag durchgelesen und bemerkte, daß ich den Roller, versehentlich, 2 Tage länger gemietet hatte, als mein Urlaub dauerte.

Eigentlich ganz schön blöd (aber was sind schon eine Mark fünfzig) aber in diesem Fall mein Glück, denn es kam mir die Erleuchtung.

Ich ging zu einem anderen Verleiher und mietete nochmals einen Roller, der genauso ausschaute, wie der erste (Kennzeichen hatten sie sowieso alle nicht), damit es nicht auffiel, daß ich keinen Roller mehr hatte.

Der erste Vermieter konnte ja schlecht zu mir kommen und sagen "das ist nicht mein Roller".

So fuhr ich mit dem neuen Roller noch etwa eine Woche und gab ihn dann am Abend vor meinem Abreisetag wieder zurück.

Am nächsten Morgen, es war gegen 8:30 Uhr, klopfte es plötzlich an der Türe und der Hotelboy teilte mir mit, daß mein Rollervermieter in der Lobby wäre und mich sprechen möchte
- ach sieh an -.

Das bestätigte also die These, daß der Vermieter selbst mit drinsteckt.

Ich ging also nach vorne und fragte den Vermieter was denn los wäre.

Er wetterte sofort los, und fragte nach seinem Roller.

Ich, natürlich sehr verwundert, fragte ihn, was das soll, ich habe schließlich noch zwei Tage.

Er ging nicht darauf ein und fragte abermals nach seinem Roller.

Daraufhin meinte ich, dreist, daß es ihn erstens nichts angeht, wo der Roller ist und zweitens wäre meine Thaifreundin mit dem Roller unterwegs, um ihre Familie zu besuchen.

Sie würde aber bereits "morgen" wieder zurück sein.

Er bekäme seinen Roller schon noch rechtzeitig in zwei Tagen, mit Ablauf des Mietvertrages, „keine Sorge".

Jetzt war ich aber gespannt.

Der Vermieter konnte mich ja schlecht einen Lügner nennen, denn dann würde er ja zugeben, mehr zu wissen, als ich annehmen durfte.

Ich würde doch heute bereits auschecken, entgegnete er, worauf ich, schlagfertig wie ich nun mal bin, erwiderte, daß ich ein Open-Ticket habe und meinen Aufenthalt verlängere. Was soll er da schon darauf sagen - er zog also ab - Gefahr gebannt -.

Noch nicht ganz, denn am Nachmittag, ca. eine Stunde vor meinem check out, riefen die netten Leute von der Rezeption an - "ich solle auf keinen Fall nach vorne kommen, denn der Vermieter sitzt schon wieder in der Lobby, um zu beobachten, ob ich auschecke oder nicht".

"Sie würden mir einen Boy schicken, der mir dann hilft (nicht was Sie schon wieder denken), beim Hinterausgang rauszugehen"

Wow, so etwas gibt es also auch in Thailand.

Ich verließ dann binnen 20 Minuten das Hotel und fuhr direkt nach Bangkok.

Wie Sie sich natürlich gut vorstellen können, hatte ich bis zum Aussteigen in München Herzklopfen bis zum Hals, weil ich dachte, die holen mich noch raus.

Aber diese Dreistigkeit hatte nicht mal die thailändische Polizei bzw. der Vermieter, einen vorgetäuschten Diebstahl weiterzuverfolgen.

Seit dieser Zeit miete ich meine Roller immer einen bis zwei Tage länger.

Denn, was sind schon eine Mark fünfzig.

Ich denke es war um das Jahr 1989, als ich mit einem Freund im Urlaub in Pattaya war.

Wir hatten beide zwei schwere Motorräder gemietet und standen auf der Second Road, die damals noch mit Gegenspur war, um nach rechts in unser Hotel abzubiegen.

Nachdem kein Gegenverkehr mehr kam, bog mein Freund als erster ab.

In diesem Moment kam von hinten ein Thai auf einem Roller mit einem "Affenzahn", bereits auf der Gegenfahrbahn, daher und fuhr voll in meinen Freund.

Wir holten natürlich die Polizei - und jetzt kommt der Hammer - Ihr könnt mir das ruhig glauben, ich habe es selbst erlebt -.

Der Polizist nimmt eine Münze und frägt meinen Freund

"Kopf oder Tempel ?".

Ich wollte daraufhin wissen, was das soll und da meinte er, bei Kopf müsse mein Freund "nur" 10.000 Baht und bei Tempel jedoch 15.000 Baht zahlen.

Das konnte doch nur ein schlechter Scherz sein.

Nein, dem Polizisten war es voll ernst damit, denn auf meinen Einwand hin, daß ja mein Freund überhaupt nicht Schuld an dem Unfall wäre, meinte er, daß der andere doch ein Thai ist und ja auch kein Geld hätte, um seinen Schaden zu bezahlen.

Er warf dann tatsächlich die Münze - Tempel -.

Geistesgegenwärtig rief ich erfreut "nur 10.000 Baht", worauf der Polizist aber dann meinte, daß es 15.000 Baht wären.

Ich diskutierte jedoch mit ihm, daß er sich wohl nicht klar genug ausgedrückt hätte und wir warfen nochmals - Kopf -.

Glück gehabt ??????????

Das ist schon eine komische Sache mit der Schuldfrage, bei einem Unfall, in Thailand.

So habe ich einmal auf der Polizeistation, als ich übrigens den Rollerdiebstahl melden wollte , einen Deutschen hinter Gittern gesehen.

Ich fragte ihn, wie er in diese Situation gekommen ist und er meinte, daß ihm eine Frau in sein Moped gelaufen wäre.

Zu Recht bemerkte ich, daß er ja dann keine Schuld hätte, was ja auch stimmte, aber die Polizei hielt ihn dennoch so lange fest, bis sein Geld von Deutschland angewiesen wurde, um die Arztkosten der Frau zu begleichen.

„Das war vor ca. 20 Jahren".

Es hat sich mittlerweile ein wenig gebessert.

Aber es ist tatsächlich immer noch problematisch, denn wenn z.B. ein Ausländer mit einem Thai einen Unfall hat und der Ausländer ist schuld und das von ihm - in der Regel - gemietete Fahrzeug besitzt nur eine unzureichende Versicherung, also nur die Pflichtversicherung, die so gut wie nichts zahlt, dann kommt der Ausländer solange in Gewahrsam, bis er den gegnerischen sowie den eigenen Schaden an dem Mietfahrzeug bezahlt.

Jetzt sehen wir die gesamte Situation einmal andersrum: - der Thai ist Schuld -.

Natürlich hat der Thai „sowieso" nur eine ungenügende Versicherung, da er ja kein Geld hat.

Und da wären wir schon bei dem springenden Punkt.

Kein Polizist in Thailand würde jemals einen Thai in Gewahrsam nehmen, "nur" weil er mit einem "Farang" kollidiert ist.

In diesem Fall muss der Ausländer selbst schauen, wie er zurecht kommt und kann von Glück reden, wenn er nicht auch noch den gegnerischen Schaden mitbezahlen muß

- Thai rak Thai -

Mein Schneider erzählte mir auch einmal eine nette Geschichte:

Er lebt nun ja schon sein halbes Leben in Pattaya und spricht daher perfekt Thai, hat halt nur, im Gegensatz zu seiner Frau, keine Thai-Staatsbürgerschaft, sondern die Indische.

Er ist immer sehr viel geschäftlich unterwegs und so kam es, daß er vor einigen Jahren am späten Abend von einer Geschäftsreise zurückkam und er wollte sich den Stress, noch in der gleichen Nacht nach Pattaya zu fahren, nicht auferlegen, sondern suchte sich aus dem Hotelführer ein nettes Hotel heraus und rief dort an, um ein Zimmer für die Nacht zu reservieren.

Da es in Thailand sehr schwierig ist, mit jemand korrekt in englisch zu kommunizieren, sprach er nur Thai.

Mein Schneider ist in dieser Hinsicht übrigens hochintelligent, er spricht ca. 9 Sprachen.

Er bekam also zur Auskunft, daß das Hotelzimmer 500 Baht kosten würde, was seinerzeit ein durchaus üblicher Preis war.

Dann fuhr er mit dem Taxi zu diesem Hotel, ging zur Rezeption und legte seinen Reisepass, was in Thailand Pflicht ist, vor.

Der Manager des Hotels, der übrigens auch die telefonische Reservierung entgegengenommen hatte, war total perplex und sagte "Sie sind ja gar kein Thai???".

Was mein Schneider natürlich bestätigte und fragte, ob dies ein Problem wäre.

Der Manager bedauerte daraufhin und meinte, sie würden nicht an Ausländer vermieten ???????

Mein Schneider flippte natürlich aus und sagte, daß er quer durch die ganze Stadt gefahren wäre, um zu seinem reservierten und bestätigten Hotelzimmer zu kommen.

Der Manager bedauerte abermals und betonte nachdrücklich, daß sie nur an Thai's vermieten würden.

Thai rak Thai !!!

2005:

Ich sitze mit meiner Frau im Foodland und habe 2x Frühstück bestellt, das immer inklusiv Orangensaft kommt.

Die Bedienung hinter dem Tresen schenkt das erste Glas „ganz" voll, das zweite ein „bisschen weniger" und dann noch ein ?drittes? lediglich „halbvoll".

Sie gibt das zweite Glas meiner Frau und das halbvolle mir. Auf meine Bitte, mir doch bitte das volle Glas zu geben, meinte sie lächelnd "nein" und schüttete es wieder zurück in die Karaffe.

Thai rak Thai

Was uns auch sofort in Thailand auffiel, ist das Verhalten der Thai-Frauen uns gegenüber, wenn wir mit unserer kleinen Tochter unterwegs sind.

Dazu müssen Sie wissen, daß meine Frau und ich Deutsche sind und unsere Kleine zwar auch einen deutschen Reisepass besitzt, aber von Geburt halb Filipina und halb Inderin ist.

Wir haben sie adoptiert, da war sie gerade mal fünf Tage alt.

Kommen wir wieder zu der Geschichte zurück:

Wenn wir also mit unserer Kleinen, mittlerweile vier Jahre alt, in Thailand spazieren gehen, ernten wir von den thailändischen Frauen nur feindselige Blicke

Es kann ja wohl nicht sein, daß „Käfer, die in der Kuhscheiße leben" (Farang), ein Thaimädchen adoptieren.

Wir werden dann immer schnippisch gefragt - **"Thai** ?"** - und erst wenn sie erfahren, daß sie eine Filipina ist, werden sie freundlicher.

Ganz anders auf den Philippinen.

Da kommt jeder zu unserer Tochter und freut sich für sie, welches Glück sie doch hat.

Na ja, **"andere Länder, andere Sitten"**.

Es ist schon verwunderlich, wie sich eine ganze Nation von Frauen einig sind , die Männer (und nicht nur die Ausländer) abzuzocken.

Als ich Anfang 2005, mit dem Vorsatz hier eine Weile zu leben, in Thailand ankam, schaute ich mich auch sofort nach einem Haus für meine Familie um.

Kaufen oder mieten, da hatten wir uns noch nicht so festgelegt.

Ich schaute mir garantiert an die fünfzig Häuser an, unter anderem auch ein Haus eines Engländers, der zur Zeit meines Besuches noch nicht unter Alkohol stand, haha.

Der Engländer hatte vor etwa zehn Jahren dieses Haus gesehen und wollte es haben.

Er war zu der Zeit bereits etwa vier Jahre mit einer „anständigen" Thai verheiratet.

Sie müssen wissen, in Thailand kann man ein Haus mit Grundstück nur entweder auf den Mädchennamen der Frau oder auf eine Company (Firma) kaufen.

Wenn man verliebt ist, ist es natürlich keine Frage, man kauft auf die Frau und damit beginnt das Elend.

Er nahm also seine Frau zu dem Verkaufsgespräch mit und man wurde sich schnell handelseinig.

Da war nur ein klitzekleines Hindernis - der Engländer hatte sein Geld in Festgeld, in England angelegt und mußte erst abklären, wie schnell er an sein Geld herankommt.

Eigentlich macht man so etwas ja auch vorher, na ja Engländer halt (sorry to all english people, just kidding).

Er flog also nach England und erhielt von seiner Bank die Auskunft, daß er über das Geld zwar sofort verfügen könnte, dann hätte er jedoch einen erheblichen Zinsverlust (Strafzinsen, glaube ich nennt man das) oder er wartet noch fünf Monate, dann wäre es kein Problem mehr.

In Thailand wieder angekommen sprach er, alleine (das ist wichtig), mit dem Verkäufer und schilderte ihm den Fall.

Dieser, voller Verständnis (klar, der will ja schließlich auch was verkaufen) meinte, daß dies kein Problem wäre.

Sie würden halt einstweilen eine sehr hohe Miete von 40.000 Baht vereinbaren, so daß der Verkäufer auch sicher sein konnte, daß der Engländer nicht wieder abspringe und diese Miete würde dann auf den Kaufpreis angerechnet werden.

Gesagt getan! Der Verkäufer bereitete einen Mietvertrag vor und der Engländer brachte seine Frau wieder zum unterzeichnen mit.

Irgendwie war es dem Engländer jedoch scheinbar durchgerutscht(?), mit seiner Frau nochmals darüber zu sprechen.

Er konnte mir auch nicht mehr sagen warum und wieso, vielleicht Intuition, auf jeden Fall dachte seine Frau, sie würde den Kaufvertrag unterschreiben, denn von etwas anderem war ja nie die Rede und sie machte sich auch nicht die Mühe, diesen Vertrag nochmals durchzulesen

(lesen?, wie schreibt man das ?).

Glücklich und zufrieden zogen sie ein paar Tage später in das Haus ein.

Der Mann glücklich und die Frau zufrieden, denn bereits am nächsten Tag stand die gesamte bucklige Verwandtschaft, 15 Mann an der Zahl, vor dem Haus und dann auch gleich im Haus und machten sich auch sofort breit, als ob ihnen das Haus gehören würde.

Der Engländer versuchte über seine „ach so geliebte" Frau herauszufinden was das solle und meinte, die vielen Menschen sollten bitte nicht so hausen, sonst müßten sie "sein" Haus sofort verlassen.

Und genau darin lag sein Trugschluss.

Seine Frau teilte ihm unverblümt mit, daß das nicht **"sein"**, sondern **"ihr"** Haus wäre und der einzige der zu gehen hätte, wäre **„er"**.

Wow, das saß.

Der damals noch relativ junge Engländer war wie vor den Kopf gestoßen und rannte zu dem Verkäufer/Vermieter, um ihn um Rat zu fragen.

Dieser meinte gelassen: "machen Sie sich keine Sorgen, das haben wir gleich".

Sie gingen dann zusammen zu dem Haus und der Verkäufer (in diesem Fall Vermieter) bat die Ehefrau, ihm doch bitte die 40.000 Baht Miete zu bezahlen, denn es wäre üblich, eine Miete im Voraus zu begleichen, auch in Thailand.

Die "noch" Ehefrau konnte ihren Mund plötzlich nicht mehr schließen und meinte: „wie Miete ? das Haus wäre doch gekauft"!.

Das kommt davon, wenn man die Unterlagen, die man unterzeichnet, nicht durchliest (kostenloser Rat für alle).

Sie wurde dann eines Besseren belehrt und da sie noch nie in ihrem Leben 40.000 Baht (außer in der Zeit, in der sie mit dem Engländer verheiratet war und die Betonung liegt auf "war") besaß, räumte sie zusammen mit ihrer buckligen .... das Haus.

Der Engländer kaufte das Haus trotzdem, aber diesmal auf eine Company. - Glück gehabt -

----

"Es war einmal" ein seltsames Geräusch an unserem Kleinwagen, den wir in Thailand haben und zwar immer, wenn wir nach rechts abbogen.

Daher fuhren wir zu einer relativ großen Werkstatt in der Sukhumvit Road.

Der Meister sah es sich an und nannte dann einen Preis, der uns vernünftig erschien.

Er meinte, wir könnten das Auto am nächsten Tag gegen Mittag wieder abholen.

Gesagt getan, am nächsten Tag standen wir gegen 12 Uhr auf der sogenannten Matte.

Der Meister war leider nicht zugegen, aber ein etwas schüchternes "Dämchen" konnte uns sicher auch weiterhelfen.   - weit gefehlt -

Sie wußte gar nichts; kramte dann doch nach ein paar Minuten wenigstens unseren Vorgang hervor und fing flugs an auszurechnen, was uns die Reparatur kosten würde.

Unsere Aussage, daß wir bereits einen festen Betrag vereinbart hatten, ignorierte sie.

Sie kam auf einen Betrag, der so ganz anders war als der ursprünglich vereinbarte.

Nun konnte uns die nette Dame leider überhaupt nicht verstehen (uns, sind übrigens meine Frau und ich) und rief kurzerhand ein weiteres Fräulein zur Hilfe, die zwar dann englisch sprach, man aber doch nicht so recht verstand, da sie uns von Anfang an nur anschrie.

Ich meinte dann, es würde kein Grund bestehen, so herumzuschreien und es wäre doch nett und hilfreich, wenn Sie mit normaler Stimmlage mit uns weitersprechen könnte.

Daraufhin kippte ihre Stimme fast, so ereiferte sie sich, bis ich dann auch endlich sauer wurde.

Ich haute mit der Faust auf den Tisch und schrie ihr mitten ins Gesicht, um ihr zu zeigen, daß man sich in dieser Lautstärke so nicht unterhalten könne.

Als ich mit der Faust auf den Tisch haute, berührten meine Finger ein wenig das eingepackte Brot dieser Dame, woraufhin sie schrie ich hätte ihr Brot kaputt gemacht.

Ich war nun an einem Punkt angelangt, wo mich die Gesamtsituation eher belustigte, als aufregte.
Daher sagte ich: "oh das arme, arme Brot"!

Da kam auch schon der Meister und wir zahlten exakt den vereinbarten Betrag.

- Na bitte es ging ja doch -

Der Wagen gab übrigens immer noch dieses merkwürdige Geräusch von sich und als wir deswegen nochmals vorbeifuhren, meinte er, ja da müßten wir aber viel, viel mehr bezahlen, damit es wieder funktionieren sollte.

Mittlerweile haben wir es in einer kleinen Werkstatt reparieren lassen und sehr wenig Geld dafür bezahlen müssen.

Das ist auch so eine dumme Sache mit dem „**Gesicht verlieren**" in Thailand.

Fragen Sie mal einen Thai nach einem Weg und er wird Sie garantiert irgendwohin schicken und wenn's der falsche Weg ist.

Wie oft habe ich schon Mordgelüste bekommen, weil mich die Idioten in die falsche Richtung geschickt haben.

So bin ich einmal mit meiner Frau mit dem PKW, das erste Mal, von Bangkok nach Pattaya gefahren.

Natürlich hatten wir uns hoffnungslos verfranst.

Wir waren auf einer Autobahn an der Mautstelle und fragten die Kassiererin nach dem Weg nach Pattaya und sie schickte uns in Fahrtrichtung.

Nach etwa 20 km sahen wir dann auf der Gegenfahrbahn einen Wegweiser nach Pattaya und zwar genau dorthin wo wir herkamen!

Ich könnte sie ....!!!

Wahrscheinlich habe ich Pattaya einfach falsch ausgesprochen und schon hapert es an der Verständigung, denn die Thai's machen sich nicht die Mühe darüber nachzudenken, was das Wort sonst noch heißen könnte.

Und wenn sie sagen würden - "sorry, ich kenne den Weg nicht" -, dann würden sie ihr Gesicht verlieren ?????

Ich fahre mit dem Bus von Bangkok nach Pattaya und höre leise Musik aus meinem XDA (Kopfhörer hatte ich leider nicht mit).

Da ich relativ weit vorne saß, konnte der Busfahrer scheinbar noch hin und wieder etwas hören.

Dazu muß ich jedoch anmerken, daß als wir uns noch in Bangkok befanden und selbst noch kurz außerhalb, das buseigene Radio so lautstark lief, daß niemand mehr sein eigenes Wort verstand.

Kurz und gut, dieser Busfahrer stoppte den Bus, kam zu mir und forderte mich auf, meine leise gespielte Musik auszumachen.

Nachdem sich jedoch keiner meiner unmittelbaren Nachbarn gestört fühlten (einer meinte sogar, es wäre gute Musik und ich könne ruhig lauter machen, was ich jedoch nicht tat), fragte ich ihn, wo denn das Schild hängen würde, worauf hingewiesen wird, daß es verboten wäre Musik zu hören.

Daraufhin zog er wieder ab, aber wohl eher weil er mich nicht verstand, als daß er meine Antwort akzeptiert hätte.

Ich war auf dem Rückweg von Kho Chang, in einem Minibus.

Diese Fahrt war von mir in einem Reisebüro in Pattaya gebucht worden.

In dem Bus befanden sich ca. 8-9 Personen, die alle in ihrem Hotel abgeliefert werden sollten.

Da mein Appartement im Norden Pattaya's lag, war ich somit der letzte Passagier der abgeliefert wurde.

Das war aber weiter nicht schlimm, denn an diesem Tag war Song Kran (Wasserfest) und es war sehr interessant anzusehen, wie sich alle gegenseitig bespritzten.

Kurz vor meinem Hotel drückte ich mit meinem Fuß auf den dafür vorgesehenen Hebel, damit der Stuhl vor mir vorfuhr und ich besser aussteigen konnte.

Daraufhin schrie mich der Fahrer an, ich solle sein Auto nicht beschädigen.

Ich erklärte ihm, daß ich nur den Hebel gedrückt habe.

Er schrie weiterhin, daß ich 5.000 Baht zu zahlen hätte, wenn etwas kaputt wäre. (es ist doch wirklich erstaunlich, wie so ein Busfahrer gleich alle Preise im Kopf hat)

Daraufhin meinte ich, er solle bitte normal mit mir reden und mich nicht dauernd anschreien.

Er beschimpfte mich, weiterhin schreiend, mit Farang, Ashole usw.

Ich antwortete nur **"Thai rak Thai, Thai mei rak Farang"**, was soviel heißt wie **"Thai lieben Thai's, jedoch keine weißen Ausländer"**. (die von den Thai's gerne als Farang - Erklärung im Vorwort - bezeichnet werden)

Daraufhin schrie er, ich solle nicht in seiner Sprache mit ihm sprechen

- Thai rak Thai !!!!!!

Jedes Jahr zu Beginn der Regenzeit feiern die Thai's dieses sogenannte SongKran.

Dabei werden auf der Straße alle von allen mit Wasser vollgespritzt.

Diese Prozedur ist eigentlich an sich ganz lustig, aber es gibt leider immer wieder auch ein paar wenige, böse Menschen auf dieser Welt.

So saß mein Schneider (Inder) mit seiner indischen - in Thailand geborenen - Frau in einer Bar, um das Treiben zu beobachten.

Dabei fiel der Frau auf, daß die Mädchen dieser Bar einen Zusatz in das Wasser ihrer Spritzpistolen gaben.

Sie zielten dann mit diesen Spritzpistolen ausschließlich auf die Augen von Ausländern.

Die Frau meines Schneiders sprach die Mädchen daraufhin an und diese meinten, das wäre ein ätzendes Mittel, was sie dazu mixen würden, denn sie würden die "Farang's" ja soooo hassen.

Die kämen immer in die Bar, würden mit Geld nur so um sich schmeißen (na bitte, endlich der Beweis, daß sich die Thai's aus unserem Geld gar nichts machen) und sich auf-führen wie Schweine.

Zwei Ausländer mußten auch tatsächlich, in der Zeit in der mein Schneider dort saß, zum Augen auswaschen in die Klinik fahren; sehr zur Freude dieser dummen Mädchen, die es scheinbar noch nicht kapiert haben, daß sie „ausschließlich" von diesen Ausländern leben !!!!!!!!

Die Führerscheinstelle in Pattaya; das ist auch so 'ne Sache für sich.

Am besten, man geht da gar nicht hin oder wenn, dann nur mit jemanden, der perfekt Thai spricht, sonst ist man dort völlig ausgeliefert.

Alle Schilder nur in Thai; das Personal spricht ihre Ansagen, obwohl sie sehen, daß ein Drittel der Leute die im Wartesaal sitzen, Ausländer sind, ausschließlich in Thai (diese Tatsache wurde übrigens auch schon in den hiesigen deutschsprachigen Zeitungen bemängelt).

Ein Bekannter von mir mußte fünfmal zu dieser Stelle fahren, weil er immer wieder etwas nachbringen mußte.

Der Mann hinterm Schalter war nicht in der Lage, (oder wollte nicht, was ich eher vermute), meinem Bekannten beim ersten Besuch alle Anforderungen zu nennen.

Gott sei Dank konnte ich aus seiner Erfahrung lernen und brachte gleich beim ersten Mal alle erforderlichen Unterlagen mit und selbst da versuchten sie, mich wieder wegzuschicken.

Da ich jedoch wußte, daß ich alles komplett hatte, gelang es mir mich durchzusetzen und landete schließlich und endlich bei dem Schalter der den Führerschein ausstellt.

Während ich vor dem Schalter stand und darauf wartete, daß der Beamte den Schein ausstellte, unterhielt ich mich leise mit meinem Bekannten.

Plötzlich schnauzte mich der Beamte an, ich solle meinen Mund halten oder wenn ich mich unterhalten möchte, dann solle ich mich hinsetzen.

Maßgebend für mich war der Ton des Beamten, da konnte man richtig raushören, wie zuwider es ihm war, einen sogenannten "Farang" bedienen zu müssen.

Schade, dabei wäre es doch so ein schönes Land.

Ein Freund fuhr zu TOT, das ist eine der beiden großen Telefongesellschaften in Pattaya, um dort einen Telefonanschluß für sein gemietetes Haus, zu beantragen.

Die Servicedame checkte seine Wohnadresse im Computer und meinte dann, daß es derzeit keine freien Nummern in dem von ihm bewohnten Gebiet gäbe.

Sie gab ihm den Rat, nochmals etwa in einem halben Jahr nachzufragen.

Mein Freund ging daraufhin aus dem Gebäude, rief eine Thai-Freundin an und erklärte ihr die Sachlage.

Daraufhin kam sie sofort zu TOT gefahren.

Sie ging in das Büro, während mein Freund im Hof wartete. Dann beantragte sie ein Telefon für das gleiche Village wie mein Freund.

Und man höre und staune, sie bekam sofort eine Nummer zugeteilt.

Daraufhin rief sie meinen Freund herein und gab ihm die gerade überreichte Nummer.

Widerwillig füllte nun die Servicedame den Vertrag für meinen Freund aus, denn nun konnte sie ja schlecht nochmals nein sagen, nachdem sie einer Thai gegenüber bereits zugegeben hatte, daß es freie Nummern gab, denn dann würde sie ja ihr Gesicht verlieren, das sie meiner Meinung nach bereits verloren hatte.

- Thai rak Thai -

Ich hatte früher einmal ein Stammbillardlokal/-halle, wie immer man es nennen möchte.

Es hieß Kim's Bar und bestand aus einer GoGo-Bar vorne raus und einer Billardhalle mit etwa 12 Billardtischen nach hinten.

Ich ging gewöhnlich zweimal die Woche dorthin, um mit Freunden Billard zu spielen.

Oft ging auch meine kleine vierjährige Tochter, mit ihrem Papi mit, wie Kinder halt so sind.

Eines Abends, meine Tochter war wieder einmal dabei, kritzelte sie erst ein wenig auf einer der abwaschbaren Tafeln herum um sich nach einer Weile zu uns zu gesellen, nachdem ihr das Malen zu langweilig geworden war.

Ich möchte noch anmerken, daß wir die einzigen Kunden zu diesem Zeitpunkt (es war gegen 20:30 Uhr) waren.

Kim's Billardhall hat – bedauerlicherweise - nur Barhocker zum Sitzen, keine Stühle.

An diesem Abend war meine Tochter sehr aufgedreht und konnte keine drei Minuten ruhig sitzen bleiben.

Das Ergebnis war, sie fiel ständig von dem, für sie, sehr hohen Barhocker.

Ich fragte daher eine der zahlreich herumschwirrenden Bedienungen, ob sie denn wohl so freundlich seien und einen Stuhl für meine kleine Tochter organisieren könnten.

Sie verneinten dies geradeheraus, ohne ein Zeichen eines "good will's".

Ich zeigte der Bedienung dann ein Singlesofa (Einsitzer), das gegenüber an der Wand stand und meinte, ob es denn möglich wäre, dieses Einsitzersofa in der Größe eines Stuhles bei uns hinzustellen, Platz genug wäre ja vorhanden. Sie verneinte abermals.

Nebenbei bemerkt, waren diese Mädchen immer schon sehr arrogant und unaufmerksam gegenüber Ausländern.

Ich verschwendete also kein weiteres Wort und ging direkt zur einer Art Schalter/Rezeption, wo ich auch immer meinen Billardtisch reservierte.

Ich begann mit "wie Sie wissen, bin ich ein Stammgast" und dann brachte ich mein Anliegen nochmals vor.

Es kam ebenfalls eine negative Antwort, sowohl für den Stuhl, als auch für das Sofa (unglaublich, nicht wahr).

Daraufhin ging ich zu dem Sofa, vielleicht war es ja angeschraubt, hob es hoch und brachte es zur Rezeption.

Zwischendurch möchte ich betonen, daß ich die ganze Zeit absolut ruhig und sehr freundlich und höflich war, auch jetzt.

Ich setzte den Sofastuhl ab und fragte, ob „ich" ihn zu meinem Platz stellen kann oder ob man mir vielleicht eine helfende Hand reichen könne.

Man reichte mir eine Hand, aber leider nicht so wie ich es erwünscht hatte.

Aus der Ecke kam plötzlich so ein kleiner Thai-Chinese (etwa 55 Jahre alt, schwer zu schätzen) auf mich zugeschossen, haute mir eine Ohrfeige runter und schrie, ich solle sein (angeblich war er der Besitzer) Lokal verlassen und wenn ich je wieder zurückkomme, würde er mich killen.

Die Ohrfeige tat ca. 3 Wochen weh, aber nicht weil sie weh tat, sondern weil ich mich nicht wehren konnte.

Ich hatte zum ersten meine kleine Tochter bei mir und befand mich zum zweiten in einem Land, in dem ich sofort eingesperrt worden wäre, wenn ich diesen Psychopathen geschlagen hätte.

Ich ging dann auch, allerdings ohne meine, leider sehr kleine, Zeche zu bezahlen und wie man sich sicher denken kann, ging auch keiner meiner Bekannten jemals wieder dorthin, ganz zu schweigen von dem Zeitungsartikel, der diese Geschichte wiedergab.

Ich weiß bis heute nicht was ich falsch gemacht hatte ???

„ich wollte doch nur einen Stuhl für meine Tochter -"

Wir hatten kurz vor dem Jahreswechsel ein nettes Pärchen als Gäste bei uns.

Sie machten während ihres Aufenthaltes gelegentliche Ausflüge auf unserem Roller.

Bei einem dieser Ausflüge kamen ihnen zwei Thai's, ebenfalls auf einem Roller, entgegen.

Die Thai's fuhren jedoch so dicht an unserem Gast vorbei, daß sie diesen fast gestreift hätten.

Unser Gast, der ohnehin nicht der beste Rollerfahrer war, kam daraufhin fast ins Schleudern.

Als er sich wieder gefangen hatte, rief er den beiden nach, ob sie nicht aufpassen können.

Als sie an der nächsten Ampel standen, erhielt mein Gast plötzlich von hinten einen Schlag gegen die Schulter; vor lauter Schreck gab er Gas, fuhr bei Rot über die Ampel und davon.

Gott sei Dank ist nichts passiert.

Waren die zwei Thai's doch tatsächlich umgedreht, um ihm scheinbar eine Lektion zu erteilen, nämlich die, daß man sich besser nicht mit den Thai's anlegt.

Wir sind hier nur **"geduldet"**, nicht **"erwünscht"**.

2006:

Ich fuhr mit meinem Motorrad, Yamaha Virago 750 ccm, auf der Sukhumvit auf der rechten (Überhol-) Spur, als ca. 30-50 cm vor mir ein Kombi abrupt nach rechts auf meine Spur einscherte.

Ohne eine Vollbremsung wäre ich sicherlich in den Kombi gefahren.

Da Rollsplitt auf der Straße lag, kam ich sofort ins Schleudern, was zur Folge hatte, daß ich gegen oder bzw. an und wenn ich sage an, dann meine ich an der Leitplanke entlang fuhr.

Nur mit Hilfe meiner Füße konnte ich verhindern, daß ich stürzte; meine Schuhe waren anschließend natürlich Schrott.

Jetzt könnte man zu Gunsten des Autofahrers, annehmen, daß er mich vielleicht nicht gesehen hatte ??????

Denkste, dagegen spricht erstens der plötzliche Spurwechsel und zweitens fuhr ich, als ich mein Krad wieder unter Kontrolle hatte, an die Seite des Kombi's und schlug ihm, (was absolut menschlich in meiner augenblicklichen Verfassung war) mit voller Kraft seitlich in das Auto.

Der Fahrer zeigte keine Regung oder Anstalten stehenzubleiben.

Daraufhin fuhr ich zur Beifahrerseite und schlug ihm mit voller Kraft den lackierten Spiegel an die Scheibe.

Er grinste nur frech und gab Gas, um nach rechts von mir weg abzubiegen.

Dieses ganze Verhalten weist doch sehr auf Vorsätzlichkeit hin;   na so sind sie halt, die Thai's.

Wieder einmal war ich mit dem Bus von Bangkok nach Pattaya unterwegs.

Dummerweise hatte ich diesmal den Sitz Nr. 2, der sich, wie man sich denken kann, ganz vorne befindet - Beinfreiheit gleich null, da sich direkt vor den Sitzen eine Stahlkonstruktion befindet, damit die dort sitzenden Passagiere nicht aus der Türe fallen -.

Während der Fahrt führte ich einige, ankommende, Telefongespräche mit meinem Blue Tooth, was, wie ich aus den Augenwinkeln bemerken konnte, bereits den Unwillen des Busfahrers hervorrief.

Als ich mir dann, nach ca. 1 St. und 45 Minuten engen Sitzens, erlaubte meinen linken Fuß an der o.g. Stahlkonstruktion hochzustellen, flippte der Fahrer vollends aus.

Dazu muß ich kurz anmerken, daß ich seit längerem Nerven- und Gliederschmerzen in meinem linken Bein (im Wadenbereich) habe.

Zurück zu unserem "netten" Busfahrer.

Als er sah, daß ich mein Bein hochstellte, was mir erhebliche Erleichterung verschaffte, schrie er irgendwas von Farang zu seiner Busbegleiterin und deutete ziemlich unwirsch auf mich.

Sie kam daraufhin zu mir und schrie ebenfalls (daß diese Leute nie normal reden können) etwas auf Thai und deutete dabei auf mein Bein.

Ich versuchte ihr zu erklären, daß mein Bein nur auf dem Stahl wäre, da es dort keine Polster gab und es mir gut tun würde, es mangelte jedoch an der Verständigung.

Zwei Minuten später fuhr der Bus rechts ran, übrigens mitten auf der Autobahn, um einen Fahrgast aussteigen zu lassen.

Der Busfahrer stieg ebenfalls aus und ging ein Stück nach hinten, kam zurück, öffnete die Türe, schloß sie wieder, ging wieder weg, kam nach ca. 5 Minuten wieder, öffnete die Türe, schloß sie und ging wieder.

Nach ca. weiteren 10 Minuten das gleiche Spiel.

Langsam dämmerte es mir (wird aber auch Zeit, werden Sie nun vielleicht denken), mein Bein war schließlich immer noch oben !!!

Nach weiteren 10 Minuten wurden die Fahrgäste langsam unruhig, selbst die Busbegleitern sah nun nach dem "verrückten" Fahrer, der uns "alle" scheinbar dafür bestrafen wollte, daß ich mein Bein wegen der Schmerzen nach oben stellte.

Das "nach oben stellen" dürfen Sie sich bitte keineswegs so vorstellen, daß ich mein Bein quasi über die Reling "kippte", sondern ich stellte meinen Fuß von innen an den Stahl und zwar nur so hoch, daß der Bußfahrer lediglich die Spitze meines Schuh's erspähen konnte.

Als die Busbegleiterin, von der Suche nach dem Fahrer zurückkam, fragte ich was los wäre; sie schrie mich an und sagte "you" und deutete auf mein Bein.

Kann das überhaupt jemand glauben?

Da läßt dieser Trottel den gesamten Bus voller Fahrgäste fünfundzwanzig Minuten einfach mitten in der Prärie stehen, nur wegen mir ???????

Ich fühle mich geehrt !

Wenn mir jemand so eine Geschichte erzählt, dann würde ich ihm unterstellen, daß er spinnt, aber ich habe es selbst mit eigenen Augen erlebt.

Kurz darauf ging die Türe auf (mein Bein war noch oben - jetzt wollte ich es aber wissen -) und natürlich wieder zu. Der Busfahrer stand immer noch draußen, wie lustig.

Jetzt wurde es mir langsam zu bunt; ich stand auf und sagte zur Busbegleiterin: "kein Problem, wir brauchen den Fahrer nicht, ich weiß wie man einen Bus fährt" und setzte mich auf den Fahrersitz (oh mein Gott).

Ich hatte natürlich keinen blassen Schimmer wie man einen Bus fährt, aber ich wollte einfach, wie Sie sich sicher schon gedacht haben, mal bluffen.

Die Begleiterin wurde ganz hysterisch, ich stand dann auf und fragte die Businsassen, die diesmal glücklicherweise in der Mehrzahl aus Ausländern bestand - Inder, Japaner und Weiße -, ob Sie denn nun nach Pattaya oder lieber noch eine Stunde stehen bleiben wollen.

Der komplette Bus war auf meiner Seite und manche forderten mich sogar auf zu fahren.

Somit war der Busfahrer genötigt weiterzufahren, wenn er nicht zu Fuß nach Hause laufen wollte, denn alle waren gegen sein „Thai rak Thai" Verhalten.

Und das schönste war, er durfte während der gesamten Weiterfahrt, die leider nur noch zwanzig Minuten dauerte, die Spitze meines Fußes "bewundern".

----

jetzt wird der Leser vielleicht denken, das passiert immer nur mir.

Irrtum, das passiert jedem weißen Ausländer der mit offenen Augen durch den Tag geht tagtäglich, nur die meisten ignorieren es oder wenn man nur kurz im Urlaub hier ist, dann registriert man dieses Verhalten nicht so sehr. Das ging mir früher nicht anders.

So war meine Frau mit einem gemeinsamen Freund in einer Art "Schreinerei".

Sie gab Ihre Bestellung, nachdem sie sich preiseinig waren, an die einigermaßen freundliche Verkäuferin, worauf diese verlegen meinte, die Schnitte wären erst gegen Abend (es war gerade mal 11 vormittags) fertig.

Nachdem meine Frau nochmals nachfragte, ob es nicht ein wenig schneller gehen könnte, denn liefern wollten sie es auch nicht (auch nicht gegen Bezahlung, obwohl es ein großes Geschäft war, die mit Sicherheit auch auslieferten, so wie alle Holzgeschäfte) meinte sie jedoch, daß meine Frau doch darauf warten könne.

Meine Frau holte das Geld hervor, um zu bezahlen, als von hinten vom Büro eine etwas ältere Thai kam, sich auf den Stuhl neben der Verkäuferin setzte, ein paar Worte mit dieser wechselte (auf Thai) und sie dann plötzlich anschrie.

Daraufhin teilte die verschüchterte Verkäuferin meiner Frau mit, daß die Schnitte doch erst am Abend fertig wären.

Meine Frau packte ihr Geld wieder ein, ging in die "Schreinerei" nebenan und bekam dort sogar mehr für weniger Geld und zusätzlich noch geliefert.

Man sieht also immer wieder, daß die Thai's, die so ein Verhalten an den Tag legen, in Wirklichkeit die Verlierer sind, denn wer bringt denn Geld in dieses Land, doch wir und wir suchen uns natürliche nette und freundliche Menschen aus, denen wir unser Geld geben wollen !!!!!!!!

Ein englischer Freund von mir hatte ein kleines Appartement gemietet, in dem er natürlich hin und wieder Damenbesuch empfing (das war toll ausgedrückt, nicht wahr).

Er hatte wieder einmal "so eine" (was für eine?) Dame dabei und bemerkte plötzlich, während er bereits schlief (selbst schuld, wenn man da schläft, ich würde was anderes machen), daß dieses Dämchen versuchte, ihm seine übrigens echte Breitling-Uhr vom Handgelenk zu ziehen.

Gott sei Dank wachte er während des "Klauvorgang's" auf und da er ein wenig angetrunken (milde ausgedrückt) war, schmiss er sie kurzerhand (natürlich ohne Bezahlung) aus dem Zimmer.

Sie schrie noch, sie würde mit Ihrem Bruder wiederkommen, der bei der Polizei arbeitet - jaja, das sagen sie alle -.

30 Minuten später klopfte es an der Türe und raten Sie mal, wer davor stand ?

Richtig, das Dämchen mit ihrem Bruder, der tatsächlich Polizist war - blöd gelaufen, würde ich da sagen.

Es gab nun ein Mordsgeschrei auf beiden Seiten, mitten in der Nacht um 2:30 Uhr morgens, autsch.

Ende vom Lied, mein englischer Freund bezahlte dann doch seine Hure und zwar überteuert, wie Sie sich vorstellen können.

Dafür durfte er seine Uhr behalten, haha, auch was wert. Aber das dicke Ende kommt jetzt erst noch.

Am nächsten Tag schmiss ihn sein Vermieter, wegen Ruhestörung, aus dem Zimmer und den interessierte dabei keineswegs, daß die Schuld überhaupt nicht bei meinem Freund lag.

Die Thai's müssen ja schließlich zusammenhalten.

Meine Thai rak Thai Geschichten sollen übrigens nicht nur das negative Verhalten der Thai's gegenüber den Ausländern aufzeigen, sondern gewissermaßen das gesamte Verhalten bzw. deren generelle Praktiken.

Neulich fragte mich ein Freund, ob ich nicht Lust hätte mit ihm wieder mal zur Karaoke zu gehen.

Da ich jedoch schon zum Billard verabredet war, vereinbarten wir, daß ich mit meiner kleinen Tochter (wieder einmal) und unserer Maid gegen 22:30 Uhr nachkomme.

Gesagt getan, gegen 22:30 Uhr waren wir "Drei" dann bei der Karaoke.

Mein Freund war bereits, zusammen mit seiner Maid und seinem indischen Schneider, (also auch "drei") dort.

Ich möchte noch anmerken, daß ich meine Tochter nur dann mitnehme, wenn sie am Nachmittag ein paar Stunden geschlafen hat.

Warum ich die Zahl "Drei" so hervorhebe, werden Sie im Verlauf der Geschichte noch merken.

Da der Tisch, an dem mein Freund saß, bereits mit den besagten drei Personen voll war, rückten wir einen zweiten Tisch dazu.

Dann suchte ich mir ein paar Lieder, die ich singen wollte, aus, schrieb meine Tischnummer (1) auf den Zettel (mein Freund saß am Tisch mit der Nummer 4) und wartete.

Während wir gemeinsam warten, beschreibe ich mal kurz die Situation im Lokal :

Es waren, außer uns, ausschließlich Thai's in dem Lokal.

Hinter uns saß ein Pärchen an zwei Tischen, ja Sie haben richtig gelesen - er saß an einem Tisch und sie saß an dem Tisch daneben, gehörten jedoch zusammen, was sehr offensichtlich war -; dann saßen nochmals jeweils 2 Männer an zwei Tischen und wir natürlich, 6 Leute an 2 Tischen.

In der Zwischenzeit sang mein Freund bereits zwei Lieder (oh Graus).

Jeder Tisch kann immer 2 Lieder singen.

Dann waren die anderen Gäste an der Reihe und nun kamen wir dran bzw. ich; aber was war das?, mein Freund durfte schon „wieder" singen.

Nicht daß mich das gestört hätte, da ich aber numerisch vor ihm war, würde das bedeuten, daß ich „nicht" der Nächste wäre.

Um dies abzuklären, ging ich zur Disjokine (weiblicher DJ - das Wort habe ich mir gerade ausgedacht) und siehe da, sie hat einfach aus meinem Tisch 1 eine 4 gemacht und mich ganz nach unten gelegt.

Ich sagte ihr, daß ich nicht an dem Tisch 4 sitzen würde (was sie natürlich schon wußte) und daß ich auf jeden Fall der nächste wäre, was sie jedoch strikt verneinte, da wir doch zusammen saßen und daher als ein Tisch betrachtet werden.

Mein Einwand, daß wir jedoch 6 Personen wären und nicht nur zwei, wie alle anderen, wurde ignoriert.

Daraufhin ließ ich den Manager kommen, um mich zu beschweren (um Gotteswillen, das sollte man aber nicht tun, sich als "Farang" in Thailand zu beschweren).

Er kam, sah und siegte, also so war es nicht (eigentlich schon), aber das fiel mir gerade so ein und es hört sich doch gut an.

Also er kam und bestätigte die Aussage der DJ-ine, daß wir als ein Tisch gelten, da die Tische sich berührten und wir daher, obwohl zu sechst, nur 2 Lieder singen durften (komisch, das galt wohl nicht für das Pärchen hinter uns, das an zwei Tischen saß - ach ja, ich vergaß, das waren ja zum ersten Thai's und zweitens berührten sich ihre Tische nicht).

Ich rückte also meinen Tisch ca. 10 cm (oder auch weniger?) von dem Tisch meines Freundes weg und daraufhin meinte der GF: jetzt dürfte ich singen ???????????

Was für ein Unsinn !!!!!

Jetzt war ich aber mittlerweile so sauer, daß ich nicht mehr singen wollte und dem GF meine Meinung sagte, worauf ich besser an dieser Stelle nicht näher eingehe und ihm natürlich auch mitteilte, daß er soeben ein paar gute Kunden und zwar für immer verloren hätte.
Das war ihm aber wahrscheinlich eher egal.

Ich ging umgehend zusammen mit meiner Tochter und unserer Maid nach Hause.

Die nächste Geschichte schließt sich eigentlich direkt an die vorherige an :

Mein Freund ging dann auch gleich, nachdem er ausgetrunken und nochmals gesungen hatte.

Bereits beim Ausgang bemerkte er, daß seine Maid die Flasche Rum die er mitgebracht hatte nicht in der Hand hielt. (das ist übrigens in Thailand durchaus üblich, daß man seine eigene Flasche mitbringt. Man bekommt dann auch sofort Eiswürfel und Soda oder Cola serviert).

Die Flasche war immerhin noch fast voll.

Er fragte, wo die Flasche denn wäre und sie meinte die Bedienung hätte ihr die Herausgabe verweigert.

Daraufhin ging er wieder hinein und fragte sehr höflich, was denn mit seiner Flasche wäre ?

Er erhielt zur Antwort, daß es nicht erlaubt ist, eine angebrochene Flasche mit nach Hause zu nehmen.

Sie müßte entweder ausgetrunken werden oder sie ging in den Besitz der Karaokebar über ??????

Haben Sie jemals schon so eine Schei.... gehört ?

Das brachte nun vollends das Fass zum überlaufen.

Er flippte verständlicherweise aus und schrie, daß er sofort die Polizei rufen würde, wenn man ihm nicht unverzüglich seine von ihm bezahlte Flasche aushändigen würde.

Dazu möchte ich kurz ein wenig ausschweifen.

Vor etwa 2 Monaten kauften wir direkt in diesem Karaokelokal einmal eine Flasche und auch da wurde uns mitgeteilt, daß wir diese nicht mit nach Hause nehmen durften, wenn sie nicht leer wäre (warum sollten wir eine leere Flasche mit nach Hause nehmen?).

Wir schmuggelten daraufhin die Flasche, unter einer Jacke, aus dem Lokal.

Und um dies abermals zu vermeiden, brachte er diesmal seine "eigene" Flasche und die Betonung liegt auf "eigene" mit.

Nun wieder zur eigentlichen Geschichte: mit der Polizei wollte sich die Karaokebar nun doch nicht anlegen, (schließlich wußten sie ja, daß sie im Unrecht waren), und gaben meinem Freund dann doch die Flasche.

Ebenso ist es nicht schön anzuschauen, wie die Ausländer in Thailand abgezockt werden.

So zahlen z.B Ausländer für den Eintritt in ein Aquarium in der Sukhumvit Road 350 Baht und Thai's noch nicht einmal 100 Baht.

Dann gibt es eine Disco namens X-Site; dort zahlen Ausländer 200 Baht Eintritt und Thai's sage und schreibe "nichts".

Kommt aber ein Ausländer mit seiner Thaifreundin, dann "darf" er für sie natürlich auch 200 Baht bezahlen - ach wie nett.

Und so geht es quer durch das ganze Land - die Nationalparks verlangen ca. 400 Baht von den Ausländern und von Thai's erheblich weniger.

In Pattaya gibt es die sogenannten 5-Baht Taxi's.

Das sind Sammeljeepney's, wo jeder einsteigen und auf der vorgesetzten Route mitfahren kann.

Diese Fahrt kostet dann, richtig geraten, 5 Baht.

Nicht für Ausländer; wehe die erdreisten sich, nur 5 Baht zu geben, dann hupt der Fahrer entweder solange, bis er freiwillig 10 Baht erhält oder er beschimpft den "Farang" oder er läuft ihm nach.

Es ist auch schon vorgekommen, daß ein Bahttaxifahrer einen Ausländer mit der Waffe bedroht hat, um seine zehn Baht zu bekommen.

- was für ein Land, was für Einwohner? -

Dabei geht es ja gar nicht um diese Schei.... 5 Baht, sondern ums Prinzip; es kann ja wohl nicht richtig sein, daß Ausländer 100 % mehr zahlen müssen, als Thai's.

Ich nenne so etwas Diskriminierung.

Warum ist der Deutsche nur so dumm?
„Wir" verlangen von allen das gleiche, egal ob Deutscher
oder Ausländer !!!

Letzthin waren wir, meine Eltern, meine Schwiegermutter,
meine Frau und Töchterlein und natürlich, wie sollte es
auch anders sein, ich, in Bangkok.

Wir hatten telefonisch im Grace Hotel reserviert und „das"
war bereits eine Tragödie.

Ich rief also im Grace Hotel an, um drei Zimmer zu
reservieren.

Da wir nicht auf einen bestimmten Tag festgelegt waren
dachte ich mir, daß die Reservierung in einem 200 Zimmer-
Hotel kein Problem sein dürfte   - weit gefehlt -.

Nachdem ich mit der Reservierung verbunden war sagte
ich, daß ich bitte drei Zimmer reservieren möchte.

Die Dame am Telefon unterbrach mich, um mir unverzüglich
mitzuteilen, daß sie ausgebucht wären.

Daraufhin meinte ich höflich, daß wir zeitlich nicht
gebunden wären und Sie möchte mir doch mitteilen, wann
denn die nächsten Zimmer frei wären.

Überhaupt nicht meinte sie, worauf ich genauer nachfragte
und sie mir die Auskunft gab, daß das ganze Jahr bereits
ausgebucht wäre.

Ich bedankte mich und legte auf.

Dann kam ich allerdings ins grübeln.

Es war eigentlich fast unmöglich im Februar bereits fürs restliche Jahr ausgebucht zu sein und schon gar nicht, wenn man über 200 Zimmer hat.

Ich rief daher nochmals an und verlangte diesmal sofort die Abteilungsleiterin der Reservierung.

Allerdings meldete ich mich bei ihr nicht mehr als Privatperson, sondern als Reisebüro das für seine Kunden Zimmer sucht (man muß einfach hin und wieder kleine Tricks anwenden).

Die Abteilungsleiterin klärte mich aber sofort auf, daß sie nur mit Kunden direkt abrechnen, d.h. sie würden nur eine Bezahlung von Gästen direkt akzeptieren und nicht über ein Reisebüro, was ja sehr lobenswert war.

Sie fragte mich also, wann ich die Zimmer benötigen würde. Ich meinte sie solle mir einfach den nächsten freien Zeitpunkt nennen und oh Wunder dieser war bereits nach fünf Tagen.

Jetzt war für mich der richtige Zeitpunkt gekommen, ihr von ihrer Mitarbeiterin zu erzählen, woraufhin sie selbst fassungslos war, wie jemand so einen Mist erzählen konnte, daß man das ganze Jahr ausgebucht wäre.

Na ja, es hat ja dann doch noch geklappt, mit der Reservierung.

Aber wenn man jetzt denkt, wir wären die Dame mit der "dummen" Aussage los, denkste.

Dies ist allerdings schon wieder eine neue Geschichte:

Wir kommen also freudestrahlend an einem Samstag im Grace Hotel an, gehen zur Rezeption und erhalten, ohne Umschweife, noch bevor wir etwas sagen konnten, von einer alten zickigen,

(wahrscheinlich immer noch Jungfrau), Dame die Auskunft (was wohl ?) - "ausgebucht".

Ich lach mich tot, da war sie wieder, meine Dame mit der dummen Auskunft.

Diese Stimme war unverkennbar.

Ich meinte daraufhin, sie solle uns doch erstmal fragen, ob wir reserviert hätten, bevor sie uns wieder wegschickt.

Da fiel ihr doch glatt die Kinnlade runter, denn mit so etwas hatte sie scheinbar nicht gerechnet (reserviert denn heutzutage kein Mensch mehr?).

Nachdem sie uns nun nicht mehr wegschicken konnte, "schleuderte" sie uns förmlich ein paar Anmeldeformulare entgegen und fragte uns nach dem Reisepass.

Ich gab ihr meinen thailändischen Führerschein, der in Thailand sehr wohl, in solchen Fällen, als Passersatz galt.

Woraufhin sie einen hysterischen Schreikrampf bekam: „das würde nicht gehen und sie bekäme dann mit der Polizei Schwierigkeiten" (sehe ich, mit ich meine ich die Dame, da vielleicht doch noch eine Möglichkeit, diese Gäste abzuwehren?????)

Neben uns checkte auch ein Ausländer ein der nur eine Kopie seines Passes mitführte, aber auch das passte ihr nicht.

Der Ausländer meinte dann, nachdem sie so unnütz rumschrie, (von wegen die Thai's schreien nicht, weil sie sonst ihr Gesicht verlieren - das existiert nur im Märchen -), daß sie sich erstmal beruhigen und die Sache ruhig angehen sollte.

Die restlichen Mädchen blieben relativ unbeeindruckt von ihrem Geschrei und führten ihre Registrierungsarbeiten mit uns fort.

Ich forderte dann die "plärrende" Dame auf, bitte ihre Chefin anzurufen, was sie auch sofort tat.

Und siehe da, sie wurde plötzlich ruhiger und ruhiger.

Kaum legte sie auf schrie sie wieder (wahrscheinlich um ihr Gesicht nicht zu verlieren - haha), daß man sie nicht zur Verantwortung ziehen könne, falls die Polizei kontrollieren sollte (als ob die Polizei schon jemals kontrolliert hätte, ob Ausländer ihren Reisepass vorlegen).

Nettes Fräulein !!!!

Gestern (natürlich nicht gestern, sondern vor langer Zeit, aber als ich die Story niederschrieb war es gestern) fuhr ich am Abend mit meinem Motorrad und meiner Tochter die dritte Strasse in Pattaya entlang, ließ Tonys Fitness rechts liegen und fuhr relativ langsam, ca. 30 km/h, da die nächste Ampel auf Rot war.

Plötzlich schoß ca. einen halben Meter vor uns ein Motorradtaxi mit zwei Fahrgästen (das ist einer zuviel) von links aus einer Seitenstraße quer über die Hauptstraße, um in die Seitenstraße rechts von uns zu verschwinden.

Aber das mit dem Verschwinden war nur der Wunschvater des Gedankens, denn er schoß geradewegs auf uns zu (hatte dieser Trottel keine Augen im Kopf) und es kam wie es kommen mußte - wir "krachten" voll zusammen.

Ich schloß meine Arme sofort um meine Tochter, um größeren Schaden von ihr abzuwenden.

Gott sei Dank trugen wir beide Sturzhelme (hallo Schwiegermama), so trugen wir "nur" Schürfverletzungen und ich zusätzlich einen verrenkten Fuß davon.

Ich veranlasste sofort, daß jemand die Polizei herbei rief. Es kam dann auch bald ein Polizist auf einem Motorrad.

Er sprach als erstes mit dem Taxifahrer und alleine wie er (der Polizist) das Wort "Farang" aussprach, zeigte mir sofort, daß er "gegen mich" war.

Er versuchte mir dann auch gleich einzureden, daß ich ja viel zu schnell gefahren wäre.

Daraufhin machte ich ihn darauf aufmerksam, daß erstens die Ampel auf Rot stand, zweitens ich ein kleines Kind bei mir hatte und er drittens ja nur die Zeugen, die haufenweise am Straßenrand standen, fragen konnte.

Das sah er dann doch ein; "es müßte aber da doch noch eine Möglichkeit geben, diesem "Farang" die Schuld zuzuweisen"!?!

Und tatsächlich kam ihm dann der Geistesblitz - er fragte mich nach meinem Führerschein, denn ohne einen, in Thailand gültigen, wäre ich auch wieder der Schuldige.

Pech gehabt lieber Polizist - ich zeigte ihm meine beiden Thaiführerscheine, einer fürs Auto und einer fürs Motorrad und meinte, er solle sich den richtigen raussuchen.

Sch...ade, wieder nicht geklappt.

Nun meinte er, ich könne mit meiner Tochter heimfahren. Jetzt war ich aber baff.

Ich fragte ihn, was mit dem Taxifahrer sei und er meinte, der könnte auch heimfahren.

Auf meine Frage, wer denn für meine Schäden - Schuhe, Hose und beschädigtes Motorrad, ganz zu schweigen vom körperlichen Schaden – aufkommen würde, antwortete er mir, daß jeder seine eigenen Schäden selbst bezahlt.

Da es ja nun, auch für "diesen" Polizisten, offensichtlich war, daß die Schuldfrage auf der Seite des Taxifahrers lag, hakte ich nochmals nach.

Da gab mir der "nette" Polizist unmissverständlich zu erkennen, daß erstens der Taxifahrer keine ausreichende Versicherung und schon gar kein Geld hatte und zweitens, wenn ich weiterhin so widerspenstig sei, er mir und dem Taxifahrer ein Bußgeld auferlegen und mein Motorrad erstmal beschlagnahmen würde.

WOW, das war deutlich.

Ich rief gleich nochmals meinen Versicherungsmann, der übrigens auch Deutscher war, an (ich hatte ihn kurz vorher schon mal gestört) und erzählte ihm von dem Verhalten des Polizisten.

Auch er gab mir den Rat heimzufahren.

Und dabei dachte ich, es hätte sich in dieser Hinsicht etwas in Thailand geändert und damit wären wir schon bei meiner nächsten Geschichte.

Ein Bekannter von mir ging nach dem Essen mit seiner Maid ein wenig in der Walkingstreet in Pattaya spazieren, als plötzlich drei junge Thai's, ca. 18 - 20 Jahre alt, hinter ihnen herliefen und ständig etwas von „heil Hitler" faselten.

Mein Bekannter ignorierte dies und bog in die Straße ein in der sein Roller stand.

Prompt wurden auch schon die Zurufe der drei lauter und aggressiver.

Nun sagte er zu seiner Maid, daß er denke, daß sie sich bald entscheiden müßten, entweder zu rennen oder um ihr Leben zu kämpfen.

Er wollte jedoch nur ein wenig Spaß mit seiner Maid machen.

Er drehte sich um, um zu sehen wie weit die drei denn noch weg wären und bekam exakt in diesem Moment einen Schlag ins Gesicht

Pech gehabt, aber nicht wie Ihr denken werdet.

Denn nicht mein Bekannter hatte Pech, sondern die drei von der Tankstelle.

Er wütete wie ein Wilder unter den dreien.

Dazu müßt Ihr wissen, daß mein Bekannter ein typischer bulliger Bauer mit 24 Jahren aus dem tiefsten Niederbayern ist, den so leicht kein Stier umwirft.

Kurz und gut, die „Unglücklichen" lagen also binnen wenigen Minuten am Boden und mein Bekannter kniete auf ihnen, um ihnen den Rest zu geben (ich denke, er war „schon" ein bisschen wütend), als auch schon die Polizei anrückte.

Aber was soll das denn?, sie nahmen nicht die drei fest, sondern verpassten sofort ohne viel nachzufragen meinem Bekannten Handschellen.

Erst nachdem die Maid alles aufklärte, ließen sie ihn wieder frei und verfrachteten die drei in ein Auto und fuhren ("alle") davon ??????

Komisch, nicht wahr ?

Keiner fragte meinen Bekannten nach seinem Namen oder Reisepass oder nach dem Hergang.

Er stand da, wie bestellt und nicht abgeholt.

Ich frage mich, wie die Polizei wohl die drei verurteilen will, ohne Zeugenaussage oder Anklage meines Bekannten ?

Ich frage mich weiterhin, wie es wohl ausgegangen wäre, wenn die Maid nicht dabei gewesen wäre ????????

Heute (das gleiche wie gestern) war ich in Bangkok in der KhaoSan Road, einem netten Viertel, vergleichbar mit München-Schwabing.

Ein Gebiet ohne Huren, dafür viele Rucksacktouristen.

Ich gehe sehr gerne in diese Straße, denn es ist urig, in einem Restaurant zu sitzen und das Treiben auf der Straße zu beobachten.

Während ich so in dem Center (das ist der Name des Lokales) Restaurant saß, gab es plötzlich einen Tumult rechts neben mir.

Ein Ausländer hatte scheinbar Unstimmigkeiten mit den Kellnern des Center Restaurants.

Die Aufregung wurde immer größer und lauter und auf einmal schlugen etliche Kellner auf den armen Kerl ein.

Da ich ja, wie sie wissen, erst "gestern" meinen Unfall hatte und dadurch noch schwer gehandicaped war (ich humpelte), überlegte ich noch hier zu helfen.

Noch dazu war ja das gesamte, nicht sehr kleine, Restaurant voll mit Ausländern.

"Es half jedoch keiner" – wie immer halt.

Plötzlich eskalierte die Situation und einer der Kellner hielt den Ausländer von hinten fest und ca. 15 Kellner, inklusiv Geschäftsführer, schlugen von vorne und von der Seite auf den Mann ein.

Nachdem immer noch niemand Anstalten machte hier einzugreifen, stand ich auf und humpelte dorthin.

Natürlich nicht um mich zu schlagen, sondern um zu schlichten bzw. zu helfen.

Noch während die Kellner schlugen, sah ich etwa zwei Meter entfernt einen Polizisten stehen, der zuschaute.

Ich forderte ihn auf, doch dem Ausländer zu helfen.

Er nickte und .... tat nichts, außer weiterhin zuzuschauen.

Ich konnte dann tatsächlich die Meute davon abhalten, weiterhin auf den Mann einzuschlagen.

Auf meine Frage nach dem „Warum", entgegnete man mir, daß der Ausländer seine Zeche noch nicht bezahlt hätte.

Jetzt halten Sie sich bitte fest:

sage und schreibe - **200 Baht** - (4€).

Fakt war, daß auf der Abrechnung etwas nicht korrekt war und das wollte dieser Mann dann einfach abklären und daraufhin haben sie ihn halb totgeschlagen - wegen 200 Baht -.

„Was für ein nettes Land".

Nachdem die anderen Ausländer gesehen hatten, daß Mr. Hinkebein (also ich) den Mut hatte, zu schlichten, gab es dann doch noch ein paar wenige, die mir zur Seite standen.

Ein Israeli (sag ja niemand mehr etwas gegen Israel) bezahlte dann sogar die Zeche, damit der arme Kerl, der ohnehin nicht mehr ansprechbar war, endlich verschwinden konnte.

Ich setzte mich dann auch wieder hin und beschloß, meine Rechnung dann doch besser zu bezahlen, haha.

Übrigens werde ich nie mehr in dieses Lokal gehen und während der gesamten Aufregung haben einige Gäste fluchtartig das Restaurant verlassen.

Ob sich das wirklich für den schlagwütigen Geschäftsführer gelohnt hat ?????

Ach ja, bevor ich es vergesse:

Kurz vor dem bezahlen stand ich einmal kurz auf, um mir von außen den Namen des Restaurants aufzuschreiben.

Nachdem ich wieder saß, kam auch umgehend ein Kellner mit grimmigem Gesicht zu mir und fragte mich, warum ich mir den Namen des Lokales notiert hätte.

Aus den Augenwinkeln konnte ich auch den Geschäftsführer sehen, der das Ganze mit ebenfalls grimmigem Gesicht (ein grimmiges Lokal, das muß man schon mal sagen) beobachtete.

Geistesgegenwärtig sagte ich, daß ich nur den Namen des Lokales wissen wollte, da das Essen so vorzüglich wäre und ich es ja schließlich weiter empfehlen wollte.

Lieber hätte ich ihm natürlich gesagt, daß sein "freundliches" Lokal namentlich in meinem Buch erwähnt werden wird, aber ich wollte die Situation, die ohnehin schon sehr angespannt war, nicht noch eskalieren lassen.

Da geht man ganz friedlich zum Essen und plötzlich wird man verhauen.

Das mit der Rechnung in den Lokalen, das ist auch so eine Sache für sich.

Wenn man in 10 Lokalen war, dann ist mit Sicherheit sieben mal etwas falsch auf der Rechnung.

Wer rechnet schon normalerweise die Beträge nach, ob die Endsumme stimmt ?

- Na, ich natürlich -.

So stimmte in einem Lokal, wo ich mit meiner Frau, meiner kleinen Süßen (Tochter) und unserer Maid beim Essen war, die Endsumme um 100 Baht nicht.

Jetzt könnten Sie vielleicht anmerken, was sind schon einhundert Baht, aber bei einer Gesamtsumme von 800 Baht sind 100 Baht dann doch wieder viel.

Ich reklamierte diesen Umstand und der Kellner, scheinbar wohlwissend, entschuldigte sich sofort ohne übrigens nachzurechnen ob ich auch Recht hatte und kassierte dann nur den von mir genannten Betrag.

In einem anderen Lokal sind es dann ein paar Getränke oder gar ein komplettes Gericht das zuviel auf der Rechnung steht.

Ich weiß bis heute nicht, ob die wirklich bescheißen wollen oder einfach nur zu doof sind, eine ordnungsgemäße Rechnung zu präsentieren.

Apropos falsche Rechnung:

kürzlich war ich mit einem Freund in Bangkok in einer Karaokebar (schon wieder !!).

Wir setzten uns und ich trank eine Pepsi Cola, ein Wasser und mein Freund und seine Begleiterin ein Soda und 1 Bier.

Da sie gerne Zitronen in ihr Soda ausdrückte, bestellte er noch ein paar Zitronenscheiben.

Ich sang drei Songs, denn mehr hatten sie ohnehin nicht in englisch.

Zwischendrin brachte uns eine Bedienung Nasstücher für das Gesicht, wie nett.

Nach etwa 45 Minuten oder vielleicht war es auch eine Stunde, verlangten wir nach der Rechnung und wir kippten schier aus unseren Schuhen.

Mein Freund hatte eine Zeche von 160 Baht und ich 270 Baht.

Dazu möchte ich anmerken, daß man in solchen Lokalen als Thai bereits für 30/40 Baht ein komplettes Essen bekommt.

Wir reklamierten also und fanden heraus, daß die nette Geste mit den Nasstüchern gar nicht so nett war.

Sie wurden mit 20 Baht pro Tuch (für 20 Baht bekommt man auf der KhaoSan Road bereits ein komplettes Nudelgericht, wie z.B. PhadTai) in Rechnung gestellt - wir hatten die Tücher nicht einmal bestellt - !!!!

Dann wurden die gelieferten zwei Eimerchen Eiswürfel, (zwanzig Baht pro Eimerchen; die Betonung liegt auf "chen") doppelt berechnet und zwar einmal mir und einmal meinem Freund.

Der Abschuss war dann noch die Berechnung der sechs dünnen Zitronenscheiben von "50 Baht".

Also, wenn das keine Abzocke ist, dann weiß ich nichts mehr.

Jetzt war das aber wirklich nur eine einfache ausschließlich von Thai's besuchte Karaokebar.

Wir haben dann 100 Baht in Abzug gebracht und sind gegangen.

Da geht es wirklich nicht um die Schei.... 100 Baht, sondern ums Prinzip, daß wir nicht akzeptieren können und wollen, daß mit uns immer so umgesprungen wird.

Neulich erzählte mir dieser Freund eine lustige Geschichte, ein weiteres Beispiel, wie wenig vorausschauend Thai's doch sind:

Er ging auf der Straße und sah wie ein PKW in der Kreuzung stand, weil er abbiegen wollte.

Just in diesem Augenblick kam da ein Thai auf einem Motorrad daher, sah den stehenden Pkw, der ja seinen Weg blockierte und begann zu hupen.

Zu diesem Zeitpunkt befand er sich noch ca. fünfzig bis sechzig Meter vor der Kreuzung.

Und er hupte und hupte und hupte.

Es kam ihm jedoch nicht in den Sinn, neben seiner unsinnigen Huperei auch ein wenig die Bremsen zu betätigen.

Als er etwa 3 bis 5 Meter vor dem PKW war führte er dann eine Vollbremsung durch und landete natürlich am Boden.

Und Leute; das schönste war, der Motorradfahrer hinter ihm, scheinbar genauso intelligent (vielleicht die gleiche Schule besucht), segelte ebenfalls über den Boden.

Gott sei Dank blieb der PKW, den ja auch keine Schuld traf, unbeschadet.

Heute bin ich ein wenig traurig.

Ich habe gerade von einem Bekannten, nennen wir ihn hier mal einfach Mathe, mit dem sich eigentlich nach und nach eine   Freundschaft entwickelt hätte, eine schier unglaubliche Story vernommen:

Er hatte vor ca. 3 Monaten in einem Village von einem Deutschen und seiner Thaifrau ein Haus angemietet.

Ursprünglich war ein längerer Zeitraum eingeplant gewesen, da der Deutsche nach Indien, zum arbeiten, ging.

Er bat Mathe, ihm die Post zur Seite zu legen und "sie nicht seiner Frau zu geben" (der wird schon wissen warum).

Nach etwa 2 Monaten ergab sich für Mathe die Möglichkeit in dem gleichen Village ein viel größeres Haus, zum gleichen Mietpreis anzumieten, sogar mit Kaufoption.

Da hätte er dann auch gleich ein separates Büro für sein Geschäft (er verkaufte maßgeschneiderte Anzüge übers Internet).

Natürlich wäre Mathe dumm gewesen, wenn er da nicht zugegriffen hätte.

Fairerweise sprach er auch mit seinem jetzigen Vermieter darüber, der daraufhin natürlich die Kaution in Höhe von 15.000 Baht einbehielt (ist ja auch nicht wenig).

Er sollte dann zum Monatsende das Haus räumen.

Vier Tage vor Monatsende stand dann plötzlich die Frau des Deutschen vor der Türe und teilte ihm mit, daß er nur noch einen Tag zum Ausziehen Zeit hätte - sie schmiss in quasi raus, obwohl er ja schon bezahlt hatte -.

Mathe wollte sich jetzt nicht noch mit dieser Furie anlegen und das neue Haus war ohnehin schon einzugsbereit, also zog er, mit meiner Hilfe, um.

Drei Wochen später kam der Deutsche und holte sich seine Post bei Mathe ab.

Dabei stellten sie fest, daß bei einem Brief, er war von einer Bank, das Kuvert vertauscht wurde, d.h. der Brief wurde geöffnet und in ein neues Kuvert gesteckt.

Das fiel Mathe vorher natürlich nicht auf, denn er legte immer die gesamte Post die an den Deutschen adressiert war zur Seite, ohne sie sich genauer anzusehen.

Es lag also klar auf der Hand, daß dies die Thaifrau des Deutschen gemacht hat, das müßte eigentlich dem Dümmsten klar sein.

Aber scheinbar stimmt die Aussage" **Dumm, Dümmer am Dümmsten**" nicht, denn in Thailand, gibt es tatsächlich noch eine Steigerung.

Stellen Sie sich vor, ein paar Tage später erhielt Mathe eine Vorladung der Polizei mit der Begründung, daß eine Anzeige der besagten Thaifrau wegen Diebstahl "bei Nacht" vorliegen würde.

Bei Nacht bedeutet in Thailand "vorsätzlich" (ist nicht jeder Diebstahl vorsätzlich?) und wird besonders hart bestraft.

Angeblich sollte mein Freund von dem Konto des Deutschen, per Überweisung, Geld gestohlen haben.

Ich kenne mich ja nicht so gut aus, aber ich glaube nicht, daß man nur aufgrund eines Kontoauszuges Geld von einem Konto überweisen kann !!!!!!!!

Tatsache war jedoch, daß Mathe zu dieser Anhörung entweder 400.000 Baht Kaution mitbringen mußte oder er direkt von der Polizei in Gewahrsam genommen würde, dies ist in Thailand so üblich.

Dabei ging es gerade mal um 2.000 €, also 100.000 Baht.

Wo sollte ein junger Mann, der gerade mal 24 Jahre alt ist und erst am Anfang seiner beruflichen Karriere steht achttausend € (= 16.000 DM früher) hernehmen ?

Was blieb ihm also anderes übrig, als vor dem anberaumten Termin das Land zu verlassen.

Das war's dann mit der beruflichen Karriere in Thailand und mit unserer angehenden Freundschaft.

Bevor er jedoch das Land verließ, wollten wir noch seinen Roller von JRD (Hersteller) reparieren lassen, da er leider kürzlich einen Unfall erlitten hatte.

Der Roller war nicht mehr fahrbereit und aus diesem Grunde fuhr er zu JRD und bat sie, seinen Roller doch bitte in seinem Village mit dem Firmentruck abholen zu lassen. Er wurde auf den nächsten Tag vertröstet.

Am nächsten Tag fuhr er wieder zur vereinbarten Zeit zu JRD, doch der Truck war wieder nicht da.

Er wurde wieder auf den nächsten Tag vertröstet und auf den nächsten und auf den nächsten und auf den nächsten.

Nach ca. einer Woche Vertröstung fuhr ich mit ihm nochmals zu JRD.

Es war ein Samstag und, wie könnte es auch anders sein, der Truck war leider nicht da, aber wir bekamen einen festen Termin: am Montag um 10:00 Uhr vormittag, - na also - !

Von wegen!; ich fuhr also am Montag zu JRD (mein Freund mußte nach Bangkok) und war sogar 15 Minuten vor dem Termin da und die Geschäftsführerin kam strahlend auf mich zu und eröffnete mir, daß JRD gar keinen Truck besitze und wir sollten doch den Roller mit einem Jeepneytaxi herbringen.

Hat man da noch Töne - kaum versucht man etwa eine Woche, den Roller von JRD abholen zu lassen, schon erfährt man, daß diese gar keine Möglichkeit zur Abholung haben.

Aber halt, da fällt mir etwas ein !!!!!!

"Hat diese gute Frau nicht jetzt ihr Gesicht verloren, weil sie mir gegenüber zugegeben hat, daß JRD unfähig ist, den Roller abzuholen" ???????

„Dumm wie ein Thai" :

Wir kommen gerade aus Phuket zurück und warten auf unseren Transportservice, der uns wieder nach Pattaya bringen sollte.

Seit mehr als einem Jahr benutzen wir schon die gleiche Transportfirma, da wir uns denken die kennen uns schon da kann nicht viel schief gehen.

Diese Formel gilt vielleicht in Europa, aber auf keinen Fall in Thailand.

Einmal da kamen meine Eltern in Bangkok an und dieser Transportservice sollte sie abholen.

Gott sei Dank fuhr auch ich, da ich zufälliger-weise einen Tag vorher von den Philippinen zurückkam, zum Flughafen, um gemeinsam mit meinen Eltern und meiner Schwiegermutter nach Pattaya zu fahren.

Da ich ein wenig früher da war, hatte ich genug Zeit, nach dem Fahrer Ausschau zu halten.

Aber da konnte ich lange schauen, es half nichts,

- es war kein Fahrer weit und breit zu sehen -.

Ich rief sofort den Chef der Firma an und fragte ihn, wo denn sein Fahrer wäre, meine Eltern seien schon gelandet und müßten jeden Augenblick rauskommen.

Er versprach mir, mich sofort zurückzurufen, was er auch prompt tat (er kann ja nichts dafür, es sind ja nur seine dummen Chauffeure), um mir mitzuteilen, daß der Fahrer in der Tiefgarage in seinem Bus warten würde ????????

Jetzt stellen Sie sich mal vor, ich wäre nicht zum Flughafen gefahren, was der Fahrer ja auch nicht wußte.

Wie hätten meine Eltern wohl den bescheuerten Fahrer in der Tiefgarage gefunden ? Überhaupt nicht !!!!!!!!!

Kommen wir wieder zur heutigen Situation.

Ich habe also das Taxi, bevor wir nach Phuket flogen, für den 30. März um 00:30 morgens bestellt.

Bei der Bestellung, die übrigens schriftlich gemacht wurde, haben wir der aufnehmenden Person mindestens dreimal sogar mittels eines Kalenders erklärt, daß wir in der Nacht vom 29. auf den 30. und zwar in der Früh bzw. mitten in der Nacht um 00:30 ankommen werden.

Es kam, wie es kommen mußte - es war kein Taxi da -.

Wir riefen (wieder einmal) den Chef an, der versprach, uns sofort zurückzurufen, was er diesmal jedoch nicht tat.

Nach etwa zehn Minuten rief ich nochmals an und er teilte mir mit, ich glaubte es kaum, daß sein Fahrer gedacht hätte, wir kämen erst am nächsten Tag an !!!!!!!!

Am zweiten April war Erectionday in Thailand.

Eigentlich ja Electionday (Wahltag), aber die Thai's können doch kein R sprechen (siehe Plince Hotel) und ersetzen es immer mit einem L, also war es doch ein Erectionday, oder?

An diesem Tag durften die Thai's wieder ihren Taksin wählen, der ursprünglich zurücktreten mußte, weil er "angeblich" (das "angeblich" steht für Selbstschutz und zwar für meinen) Betrug am Volke gemacht hat – irgendwelche Beteiligung, gegen das Gesetz, an die Chinesen verkauft und dann das ganze nicht einmal versteuert hat.

Aber der Rücktritt war ja nicht von langer Dauer, denn er wurde ja wiedergewählt.

Da half es auch nichts, daß Hunderttausende in Bangkok gegen ihn demonstrierten.

Aber das ist eigentlich nicht der Kern der Geschichte, sondern vielmehr, daß es in ganz Thailand vom 1. April 18:00 Uhr bis zum 2. April 24:00 Uhr keinen Alkohol zu kaufen gab.

Ich dachte wirklich erst an den weltgrößten Aprilscherz, aber nein, es war todernst.

Kann man sich sowas vorstellen ?

Aber ich denke diese Verordnung hat den Hintergrund, daß die Thai's nüchtern bleiben und nicht besoffen zum wählen gehen, außerdem kriegt man nüchtern ja besser eine Erection; ach so das war ja die Election.

So checkten wir am 2. April gegen 16:15 Uhr in einem lausigen Hinterhofhotel ein (auf dem Pros-pekt sahen die Zimmer wirklich toll aus, da wir jedoch viel Gepäck dabei hatten, weil meine Frau mit Tochter am nächsten Tag nach Philippinen flogen, bissen wir in den sauren, lausigen Apfel).

Da wir von der Fahrt Pattaya - Bangkok sehr durstig waren, wollten wir gerne einen Neger.

Für diejenigen, die nicht wissen was ein Neger ist - das ist nicht "wer hat Angst vorm schwarzen Mann", sondern ein Getränk (ich wußte, daß Sie das wissen), bestehend aus halb Cola und halb Bier, also ein harmloses Getränk.

Wir bestellen also ein Bier und ein Cola und stellen Sie sich vor, wir bekommen kein Bier - sind wir Thai's ? Gehen wir zum wählen ? - Was soll das ?

Auch, daß wir den Neger auf dem Zimmer "vergenußwur-zeln" wollten, half nichts - es gab nur Cola.

Da steht man schon erstmal fassungslos da und versteht irgendwie den Sinn solch einer Verordnung nicht.

P.S.:	der Taksin wurde, zwar knapp, wiedergewaehlt, ist jedoch sofort zurückgetreten, da zu viele Stimmen, aus dem Volk, gegen ihn laut wurden, na Gott sei Dank.

Apropos "dumme" Verordnungen :

-	Stellen Sie sich vor, auch wenn der König oder seine Frau Geburtstag haben, dann feiert, wie wir denken würden, nicht das ganze Land, sondern es bleiben alle Bar's, Disco's usw. geschlossen, es darf keine Musik gespielt und natürlich auch kein Alkohol ausgeschenkt werden.

	Hintergrund dabei ist, daß es der Ehrentag des Königs/Königin ist und nur die und niemand anderes darf an diesem Tag feiern.

	Blöd gelaufen, wenn ein anderer zufällig am gleichen Tag geboren ist - der wird keinen Tag älter, denn er darf ja nicht feiern, kriegt dann leider auch keine Geschenke !!!!!!!!

-	Oder die Verordnung, daß man erst mit dem Alter von 20 Jahren in eine Disco darf.

	Mann Gottes oder eher Mann Buddhas, was soll denn das ?

	Wer geht denn im Urlaub in die Disco ?

	Doch die Teenies ab 18 Jahren und denen verbietet man das.

Tony's Disco in Pattaya wurde zum Beispiel schon einmal für mehrere Monate geschlossen, weil die Polizei ein paar "Farangmädchen" (ich hasse dieses Wort) unter zwanzig aber über achtzehn in der Disco vorfand und festgenom-men haben.

Und die Mädels wanderten erstmal eine Nacht ins Kittchen - Wahnsinn.

- Fahren Sie mal in Thailand in der Nacht mit dem Auto oder Motorrad und haben vergessen zu tanken.

Da sind Sie aber ganz schön im Arsch, denn Sie werden in ganz Thailand keine Tankstelle finden, die zwischen 22:00 Uhr und 5:00 Uhr früh geöffnet hat.

r   Da gibt es ein Gesetz ?????? das diese Öffnungzeit egelt zum Schutze des niedrigen Stromverbrauches die spinnen, die Römer -.

- Es geht noch weiter (aber nicht in der Nacht); Alkoholiker sollten Thailand meiden oder mit einem großen Geldbeutel kommen.

Zwischen 14:00 und 17:00 Uhr und ab 00::00 Uhr bis 11:00 Uhr gibt es keinen Alkohol in den Ge-schäften zu kaufen, außer in den Bar's.

Meine Frau wollte z.B. einmal am Nachmittag eine Flasche Wein kaufen (für den Abend natürlich), doch die Kassiererin verwies sie auf das Schild auf dem zu lesen stand, daß es in dieser Zeit nicht erlaubt wäre, Alkohol zu verkaufen.

Daraufhin zeigte meine Frau auf einen Mann der vor ihr an der Kasse war und der einen ganzen Karton Alkohol gekauft hatte.

Da meinte die Kassiererin "ja das wäre ja ein ganzer Karton".

Meine Frau holte daraufhin einen ganzen Karton Wein und siehe da - den durfte sie kaufen - !!!!

- Glücksspiele sind in Thailand ebenso strengstens verboten und dazu gehört auch jede Art von Kartenspiel.

Einmal habe ich in den Nachrichten gesehen, daß ein böser Nachbar die Polizei gerufen hat, weil die Leute nebenan Spaß hatten und er halt scheinbar nicht.

Die Polizei kam daraufhin, brach die Türe auf und fand sechs Thais vor, die fröhlich am Boden sitzend Karten spielten.

Sie durften dann, ebenso am Boden sitzend aber nicht mehr ganz so fröhlich, eine Nacht im Gefängnis verbringen und wurden dann am nächsten Tag gegen Bezahlung einer Strafe von 800 Baht pro Person entlassen.

Staatliche Lotterie (ist ja eigentlich auch ein Glücksspiel) wird wiederum sehr gefördert, obwohl ausnahmslos alle Thais bereits süchtig danach sind, aber da profitiert ja die Regierung, das ist ja etwas anderes!!!!

In Thailand gibt es viele, viele Verordnungen/ Gesetze, die sehr unsinnig sind und das Leben sicherlich nicht sehr erleichtern !

Da sieht man mal wieder, wie aggressiv die Thai's sind.

Die Story habe ich übrigens ebenfalls von den Pattaya Nachrichten übernommen.

Auf der Sukhumvit Road, die wie eine Schnellstraße durch Pattaya (aber nur am Rand) führt, fährt nachts bei wenig Verkehr ein Roller/Moped, mit höherer Geschwindigkeit, auf der rechten Fahrspur.

Die Straße war, nach Zeugenaussagen zu diesem Zeitpunkt ziemlich leer.

Warum also fährt dieser Trottel auf der rechten Überhol-spur?

Aber das ist in Thailand kein Einzelfall.

Ich persönlich habe noch keinen Thai gesehen, der Motorrad- oder geschweige denn Autofahren konnte.

Die Mopedfahrer fahren generell in der Mitte der Fahrbahn auch wenn niemand vor ihnen fährt den man überholen könnte.

Oder wenn sie sehen, daß jemand nach rechts abbiegen will (in Thailand ist übrigens Linksverkehr), dann fahren sie garantiert auf der rechten Seite an diesem "Hindernis" vorbei.

Da sind Unfälle doch vorprogrammiert.

Oder fahren Sie mal in einem Taxi mit, das kommt Ihnen wie ein Himmelfahrtskommando vor.

Ein Taxifahrer kann auch nicht permanent mit der gleichen Geschwindigkeit fahren.

Nein; er gibt Gas, geht dann sofort wieder vom Gas, dann gibt er wieder Gas, geht sofort wieder vom Gas und das geht so weiter bis Ihnen von der Schaukelei schlecht ist oder Sie am Ziel Ihrer Fahrt sind.

Apropos Ziel, da bin ich aber jetzt ganz schön vom Thema abgekommen, aber man ist halt auch mal leidenschaftlich. (das können Sie jetzt nehmen, wie Sie wollen)

Also wieder zurück zu dem armen, dummen Moped- oder Rollerfahrer, wie auch immer.

Der fährt also auf einer menschenleeren Straße, schnell, auf der Überholspur.

Aber so ganz menschenleer war sie doch nicht, denn hinter ihm fährt ein 23jähriger in seinem Truck und ärgert sich über diesen unverschämten Mopedfahrer der ihn einfach blockiert.

Nachdem er sich in seinen Ärger ein wenig hineingesteigert hatte, überholte er den Mopedfahrer auf der linken Spur und verpasste ihm eine volle Breitseite (Strafe muß sein; einfach so frech die Überholspur blockieren, wo kämen wir denn da hin).

Tja, dieser Mopedfahrer wird nie mehr auf der rechten Spur fahren, denn er überlebte diese (Bestrafung) Breitseite, die ihn gegen die Leitplanke schleuderte, nicht !!!

Bravo Truckfahrer !

Heute ist nicht mein Tag.

Vor zwei Tagen war ich im Computercenter in Pattaya um mich über einen Handyfestvertrag zu informieren.

An dem AIS-Schalter, dessen Simkarte ich benutze, wurde ich darüber informiert, daß es die Möglichkeit gibt 499 Baht monatlich zu bezahlen und dafür von 6 Uhr morgens bis 18:00 Uhr abends kostenlos zu telefonieren.

Das hörte sich doch schon mal gut an.

Dann meinte die Beraterin jedoch, wenn ich meine bestehende Simkarte dafür einsetzen möchte, dann müsse ich allerdings nach Sri Racha in das Computercenter (etwa zwanzig km von Pattaya entfernt) fahren.

Auch nicht soooo schlimm.

Eine neue Karte/Rufnummer könnte ich jedoch auch in Pattaya erhalten - ne, ne, da behalten wir doch lieber die Alte (????).

Also fuhr ich zwei Tage später nach Sri Racha.

In dem Center angelangt, ging ich dann zum AIS - Schalter und erhielt erstmal die Auskunft, daß es keine Promo geben würde ??????

Ich informierte die Dame hinter dem Schalter dann, daß dies gemäß Auskunft AIS, Pattaya nicht stimmen könne, woraufhin Sie mich dann an den AIS - Schalter im Robinson Kaufhaus, ebenfalls in Sri Racha, verwies.

Also fuhr ich dorthin.

Da dieses Kaufhaus sehr groß ist, ging ich schnurstracks zur Information und fragte dort nach dem besagten Schalter oder Shop.

Das sehr hilfsbereite, nette Fräulein strahlte mich an und teilte mir mit, daß es im Robinson leider keinen AIS Shop geben würde - schon wieder eine Schneiderfahrt.

Na ja, jetzt bin ich schon mal so weit gefahren, da kann ich mich ja ein wenig umschauen.

Ich fuhr also die nächste Rolltreppe hoch und stand, Sie werden es nicht glauben, vor einem AIS Shop - da war sie wieder, die dumme Geschichte mit dem Gesicht verlieren, wenn man zugeben würde, etwas nicht zu wissen.

Wie auch immer, ich habe ihn ja dann doch noch gefunden. Ich ging also frohen Mutes in den Shop und .... scheiterte wieder fast an der Sprache.

Das ist wieder diese unglaubliche Arroganz der Thai's.

Ich komme seit 25 Jahren hierher und ganz und wenn ich sage ganz, dann meine ich auch ganz Thailand lebt ausschließlich vom Tourismus.

Wo wäre denn dieses Land ohne die Urlauber und Aussteiger ?

Nämlich bei dem Level, wo auch Vietnam, Laos und Kambodscha ist.

Und doch haben die Thai's es nicht für nötig befunden, nein sie haben es auch strikt abgelehnt englisch zu lernen.

Andere Länder, wie z.B. die Philippinen, haben rechtzeitig erkannt, daß der Tourismus Geld in das Land bringt und haben Englisch als zweite Muttersprache oder zumindest als Schulfach eingesetzt.

Nicht so die Thai's, das haben doch die gar nicht nötig.

Und so scheitert vieles bereits an der Verständigung.

So wie in meinem Fall.

Es fand sich jedoch Gott sei Dank ein Kunde der englisch sprach und vermitteln konnte.

So erfuhr ich dann, daß ich zwei Thai's als Sicherheit (für 500 Baht monatlich ???) brauche, woraufhin ich meinte, daß dies sicherlich nicht nötig sein würde, denn AIS in Pattaya hätte mir sofort eine neue Nummer gegeben aber ich wollte meine „Alte" (die auch) ja behalten.

Außerdem hätte ich auch ein Jahresvisa.

Da war das Mädl, das eigentlich ein Mann war, wieder am Ende Ihres/seines Lateins angelangt und schickte mich, wie solle es auch anders sein, zur Hauptstelle von AIS, „nur 30m neben dem Robinson" - na also warum nicht gleich so.

Ich fuhr also 30 Meter, ich fuhr 300 Meter und ich fuhr sogar 3 Kilometer (30 Kilometer erschienen mir dann doch unwahrscheinlich).

Dann fuhr ich die gleiche Strecke wieder zurück, aber da war einfach kein AIS Gebäude.

Ich war inzwischen vollkommen genervt und kam mir langsam wie der "Buchbinder Wanninger" vor.

So kam es, daß ich wieder, unverrichteter Dinge, nach Hause fuhr.

Daheim angelangt überlegte ich mir, was ich tun könnte, um mich ein wenig abzulenken.

Tennis spielen, eine gute Idee.

Ich rief flugs meinen Tennispartner an, es war etwa Mittagszeit und auch er stimmte sofort zu, so gegen drei wäre eine gute Zeit, meinte er.

Der zweite Anruf, bei Tony's war gleich gemacht und ich erhielt tatsächlich vom Geschäftsführer persönlich die Aussage, daß um 15:00 Uhr noch was frei wäre - perfekt - ich buchte (das darf man nicht vergessen zu erwähnen).

Zehn vor drei stand ich vor der Rezeption bei Tony's und bekam von einem traurig dreinblickenden Geschäftsführer gesagt, daß er sich leider geirrt hätte, es wäre doch kein Tennisplatz frei

- make my day -.

Unnötig zu erwähnen, daß es dafür keine Entschädigung, wie z.B. einmal kostenlos Tennisspielen oder sowas, gab.
Es war halt einfach so !!!!!!!

Dafür hatte ich jetzt Zeit (ich weiß, eine Geschichte jagt die andere, aber manchmal hat man einfach solche Tage - "da möchte man einfach nur noch sterben") und ging nochmals in das Computerkaufhaus in Pattaya zum AIS Shop.

Leider war das nette Fräulein das mir die erste Auskunft gegeben hatte nicht da aber dafür war ein anderes liebes Mädl da, die sich auch sofort um mich kümmerte (keine schweinischen Gedanken bitte).

Nachdem ich dieses „mysteriöse" Sparpaket erwähnte, schaute sie erstmal wie eine **"Schwalbe, wenn es blitzt"** (ich hätte das jetzt gerne in bayrisch niedergeschrieben) und verwies mich direkt, ohne zu differenzieren ob ich meine eigene oder eine neue Nummer haben wollte, an AIS in Sri Ratcha -nicht schon wieder-.

Ich sagte ihr also klipp und klar: „das hatten wir schon einmal und das funktioniert so nicht und es wäre vielleicht nicht schlecht, mir die Adresse von AIS in Bangkok zu geben".

Da meinte sie freudestrahlend, ich müsse zur Adressenfindung nur die Nummer 1175 wählen.

Ne ne, nicht mit mir, dachte ich und bat sie, diesen Anruf für mich zu erledigen.

Sie bedauerte höflichst und teilte mir mit, daß man mit dem Shoptelefon leider nicht nach draußen wählen konnte.

Kein Problem, null Problemo würde Alf jetzt sagen - ich wählte und drückte Ihr mein Telefon in die Hand und bat sie noch einmal mir die Adresse zu erfragen und aufzuschreiben.

In Deutschland wäre das jetzt eine Angelegenheit von 30 - 60 Sekunden, wie z.B.: "könnten Sie mir bitte Ihre Adresse nennen ?" schreib, schreib, schreib "Danke schön".

Eine einfache und schnelle Angelegenheit.

Jetzt kommt allerdings die Fähigkeit der Thai's ins Spiel, einfache Dinge furchtbar kompliziert zu gestalten.

Da fällt mir gerade eine Geschichte eines Freundes ein, aber die erzähle ich Euch später, sonst verzettle ich mich wieder.

Das Fräulein spricht also mit jemandem am anderen Ende und spricht und spricht und spricht.

Zwischendurch erinnere ich sie nochmals daran, daß ich eigentlich nur die Adresse bräuchte und sie nicht mein Telefonkonto leerräumen lassen wollte.

Kurz darauf will sie mir mein Handy mit den Worten "es wäre jetzt jemand in der Leitung, die englisch sprechen könnte" geben.

Ist das zu fassen ? - ich wollte eine Adresse und nicht jemand, der mit mir englisch spricht -.

Ich sagte daraufhin, das wäre schön, aber „ich" spreche kein englisch (ich wollte einfach nicht) und sie solle bitte einfach die Adresse aufnehmen.

Nach einem weiteren fünfminütigen (das muß man sich einmal auf der Zunge zergehen lassen - "fünfminütig" -, da kriegt man doch Mordgelüste, oder ?) Wortwechsel gab sie mir dann doch das Handy in die Hand.

Ich sagte knapp und deutlich in das Telefon "bitte geben Sie dem Mädchen Ihre Geschäftsadresse".

Daraufhin bat die Telefonteilnehmerin, ihr doch das Mädchen wieder zu geben, na also.

Und jetzt kommt die große Ignoranz.

Dieses Fräulein hatte sich im gleichen Augenblick, als sie mir mein Handy gab von mir abgewendet und ist zu einem anderen Kunden gegangen.

Ich rief sie und gab ihr das Telefon wieder.

Sie sprach jedoch nicht einmal mit der anderen Frau am Telefon, sondern gab das Telefon einfach an ihre Kollegin, die sich bislang hinter einem Computer versteckt hielt, weiter.

Ist das zu fassen, solch eine Unverschämtheit.

Ich sprach dann nochmals zu ihr, was sie sich einbildet, mich einfach stehen zulassen, obwohl sie noch nicht fertig mit mir war.

Ihr Benehmen wäre sehr ungezogen und unhöflich, man bedient erst „einen" Kunden vollständig, bevor man sich einem neuen Kunden zuwendet.

Solly, solly (was soviel wie sorry heißt).

Ich war jedoch böse und ungnädig (aber das interessierte sie ohnehin nicht) und meinte, daß so ein Benehmen nicht zu entschuldigen wäre.

Wie auch immer; mittlerweile hatte die "Versteckte" die Adresse aufgeschrieben und aufgelegt (Gott sei Dank; das war teuer, eine Adresse aufgeschrieben zu bekommen).

Sie gab mir den Zettel und wies mich daraufhin, daß die Bürozeiten von Freitag bis Samstag von 8:30 Uhr früh bis 17:30 Uhr nachmittags sind.

Jetzt hatte ich aber ein Problem - ich bin an einem Mittwoch in Bangkok.

Die Dame wußte darauf keinen Rat, griff aber gleich nach dem (Shop-)Telefon und rief nochmals an.

Ah ? Plötzlich geht's ja doch, das telefonieren mit dem Shoptelefon.

Toller Kundenservice, erstmal nein zu sagen und auf die Kosten des Kunden zu telefonieren.

Sie schrieb dann unter der bereits aufgeschriebenen Adresse nochmals die gleiche Adresse (scheinbar merkte sie dies nicht einmal) auf, mit den obigen Öffnungszeiten nur diesmal von Montag bis Samstag ???????????

Nun kurz zu der oben versprochenen Geschichte über die unglaubliche Fähigkeit der Thai's einfache Dinge kompliziert zu gestalten.

Mein Freund ging kürzlich, mit seiner Freundin, ins McDonald und wollte gerne das Hamburger Menü für 79 Baht essen.

Da die Verkäuferin sich sehr unbeholfen anstellte, mischte sich seine Freundin ungefragt ein.

Das Ergebnis war, daß er das Cheeseburger Menü, das er eigentlich nicht wollte, bekam und dafür auch noch 99 Baht zahlen durfte !!!!!

Aber er wurde ja trotzdem satt, ich denke, das ist doch was zählt, oder ?

Ein Schweizer Bekannter kaufte im Care four, das ist ein Kaufhaus in Pattaya, eine sehr gute und teuere Waschmaschine.

Nachdem sie geliefert (neue Geschichte, siehe unten) wurde, fand er heraus, daß die Bedienungsanleitung nur in Thai verfasst war.

Er fuhr also wieder ins Care four und fragte, ob er die Anleitung bitte auch in englisch haben könnte.

Leider wurde dies verneint.

Daraufhin ließ er den Manager kommen, der ebenfalls verneinte.

Er fragte diesen, was er wohl meine, wie hoch der Anteil an ausländischen Kunden Care four haben würde.
Die Antwort war ca. 90 %.

Sehen sie, meinte da der Schweizer, dann wäre es doch zweckmäßig, die Bedienungsanleitung auch in englisch zu verfassen, noch dazu da die Ware ja scheinbar in Thailand produziert würde.

Da gab ihm der Geschäftsführer allerdings recht.

Dann entspann sich folgender Dialog:

"Also werde ich Sie bei jeder Frage die ich bezüglich der Bedienung der Waschmaschine habe anrufen und einen Ihrer Techniker, zwecks Erklärung, kommen lassen"

"Ja das geht natürlich nicht, wir haben keine Leute für so etwas"

"Nun, dann nehme ich hiermit von meinem Rückgaberecht Gebrauch, denn eine Maschine die ich nicht bedienen kann ist für mich wertlos".

"Bitte warten Sie kurz ein paar Minuten".

Und siehe da, im Angesicht der Angst, die bereits verkaufte Maschine zurücknehmen zu müssen, brachte er plötzlich, nach weiteren zehn Minuten, eine Bedienungsanleitung in englisch herbei.

Komisch !

Jetzt kommen wir zu dem Part der Lieferung.

Die Lieferung sollte gemäß der klaren Anweisung meines Bekannten um 17:00 Uhr erfolgen.

Gegen 14:00 Uhr läutete das Handy zum ersten Mal und er wurde gefragt, ob sie schon um 15:00 Uhr liefern könnten.

Dies wurde sehr deutlich verneint mit dem ganz klaren Hinweis, daß mein Bekannter erst gegen 17:00 Uhr zuhause wäre.

Wie sollte es auch anders sein: um 15:00 Uhr klingelte das Telefon erneut und er wurde wieder gefragt, ob sie nicht doch schon um 15:30 Uhr liefern könnten.

Die Antwort sparen wir uns jetzt.

Um 15:30 Uhr läutete es schon wieder, (das Handy natürlich) und der Fahrer meinte, er wäre "zufällig" in der Nähe, ob es etwas ausmachen würde, wenn sie jetzt schon kämen ??????????

16:15 Uhr, Sie erraten es niemals - das Telefon klingelte, sie wären jetzt da, wo er denn wäre ??

Als er dann gegen 17:00 Uhr nach Hause kam, fand er die Lieferwagenbesatzung schlafend im Gras vor seiner Appartementanlage vor.

Auf dem Lieferwagen waren auch noch andere Sachen drauf zum ausliefern aber auf die Idee, daß sie diese vielleicht vor diesem Termin ausliefern hätten können, kamen sie natürlich nicht.

Da schläft man doch lieber ein wenig und macht dann anschließend Feierabend.

Ich möchte hier an dieser Stelle nochmals daran erinnern, daß ich nur und ausschließlich Geschichten hier erzähle, die meine Frau oder ich entweder selbst erlebten oder aus zweiter Hand, d.h., die ein Bekannter oder Freund "selbst" erlebt hat, also niemals aus dritter Hand: " da hat der Bruder eines Freundes seinem Freund erzählt usw.

So etwas ist für mich nicht mehr nachvollziehbar und der Wahrheitsgehalt leidet auch von Mitteilung zu Mitteilung, daher nur erste oder zweite Hand, also von Leuten, die es selbst erlebt haben.

So das war jetzt vielleicht ein wenig verwirrend, aber Sie können diesen Absatz ja gerne etwas langsamer nochmals lesen.

Die Frau eines meiner Bekannten, (ich tue mir immer ein wenig schwer „Freund" zu schreiben, denn man sagt immer sehr schnell "mein Freund", aber es stimmt doch gar nicht – Freundschaft muß erst wachsen und sich beweisen -), war einmal zufällig zugegen, als ein Thaimann auf der Straße eine Thaifrau kräftig mit den Fäusten attackierte, nein das ist eigentlich nicht der richtige Ausdruck, sie windelweich prügelte.

In diesem Augenblick kam ein Europäer des Weges, sah dies und eilte herbei, um dem Mädchen, denn es war eigentlich noch keine richtige Frau, zu helfen.

Der Zorn des Thai's richtete sich sofort gegen den "Farang" (erwähnte ich schon, wie ich dieses Wort hasse), doch er sollte lieber dabei bleiben Frauen zu verprügeln (Joke), denn er hatte nicht den Hauch einer Chance.

Dieser Vorfall, - **Ausländer verprügelt Thai** - (leider nicht das davor) wurde von sechs bis sieben Motorradtaxifahrern beobachtet, die sofort herbeieilten und ohne nach dem warum und wieso zu fragen anfingen auf den Europäer einzuschlagen.

Gehen wir ein wenig ins Detail: der Ausländer war etwa 27 bis 30 Jahre jung, etwa 1.90 m. groß und perfekt durchtrainiert, scheinbar Kampfsportler.

- Die Taxifahrer waren "chancenlos" -.

Da sieht man wieder die Aggressivität der Thai's

- nicht fragen, lieber gleich schlagen -.

Mittlerweile kam dann auch die Polizei.

Das Mädchen war jedoch schon davongelaufen, was ja auch durchaus verständlich war, aber die Frau meines Bekannten hatte den ganzen Vorfall beobachtet und gab dies auch an die Polizisten weiter.

Diese rührten dann auch den Europäer nicht an.

Glück gehabt (ich meine die Polizisten).

Ich selbst kam mit 24 Jahren in eine ähnliche Situation.

Ich war damals mit einer schnuckeligen Maus im Wat Pho (Golden Tempel), für mich der schönste Tempel Bangkoks.

Als ich wieder aus der Tempelanlage heraustrat, sah ich, wie in dem Park gegenüber ein Thai, etwa 50 Jahre alt, eine Thaifrau etwa im gleichen Alter verprügelte.

Ich meine als Ausländer im Ausland überlegt man es sich schon gewissenhaft, ob man da eingreifen sollte (vielleicht hatte sie es ja auch verdient - das war ein Witz), noch dazu waren ja auch viele andere Leute in dem Park.

Die Frau fiel dann auf den Boden und der Thai prügelte weiter, diesmal mit den Füßen, auf die Frau ein.

Da gab es für mich kein Halten mehr.

Ich gab meiner Schnuckelmaus meine Camera und was ich sonst noch zerbrechliches bei mir trug, rannte über die Straße und nahm den Thai von hinten in den Polizeigriff (nein, ich bin kein Polizist, aber den Griff kennt doch jeder).

Es lag mir fern, den Thai zu schlagen, denn er war ja in meinen damaligen Augen immerhin ein alter Mann.

Durch meine Aktion hatte die Frau jedoch die Möglichkeit wegzulaufen.

Nachdem ich den Mann wieder frei ließ, war er vollkommen ruhig, sein Zorn richtete sich nicht gegen mich und alle Leute kamen zu mir und klopften mir auf die Schulter.

Aber mal ehrlich, wenn die gleiche Situation heute, 25 Jahre später (wow, gut gerechnet - ich bin 49 Jahre alt) nochmals käme, ich wüsste nicht ob ich wieder so handeln würde.

Und nicht, weil ich nicht mehr die Courage dazu hätte, im Gegenteil heute wahrscheinlich noch mehr wie damals, aber wahrscheinlich würde meine Begleiterin mit meinem ganzen Zeug abhauen, haha.

Nein, das glaube ich jetzt natürlich nicht, aber die Thai's sind in den letzten 25 Jahren sowas von aggressiv geworden.

Vor 25 Jahren waren die Leute noch viel ärmer und bescheidener.

Da war ein Weißer, der sowas tat noch eine Art Halbgott; heute ist es bereits ein Sakrileg, wenn ein Weißer es wagt, einen Thai anzufassen.

„Manchmal haben Frauen ein bißchen Haue gern"

(das schreibe ich nicht, weil ich es so meine (oder doch? - Quatsch), sondern es gibt ein Lied, das so heißt), aber ganz bestimmt brauchen Thai's ab und zu eine in die Schnauze (das kommt übrigens auch am Ende von dem Lied vor, allerdings nicht mit Thai's).

Mein Bekannter, übrigens der Ehemann der Zeugin zwei Geschichten vorher, fuhr mit dem Auto spätabends in Südpattaya.

Er mußte mit dem Wagen wenden, da jedoch wenig Verkehr war, fiel ihm das nicht schwer.

Als er also quer zur Straße stand, kam plötzlich aus der Ferne ein Motorrad mit zwei Thai's besetzt mit ca. 120 Sachen daher.

Sie sahen natürlich den Pkw bei dem Wendemanöver sehr spät, wie sollte es auch anders sein.

Ich erwähnte doch schon mal, daß die alle nicht fahren können.

Das Motorrad kam dann mit Müh und Not kurz vor dem PKW zum stehen; die beiden Thai's sprangen direkt wutentbrannt vom Krad und liefen schreiend auf den Bekannten, übrigens ein Pole, der sofort ausgestiegen war zu.

Der erste Thai schlug sofort ohne Warnung zu; der Pole wich aus, schlug „einen einzigen" Schlag zurück, der Thai fiel um - k.o. -.

Das sah der zweite Thai, sein Kinnladen fiel herunter und er rannte.

Tja, nicht immer läuft es so, wie man es gerne hätte.

„Manchmal haben auch Thai's ein bißchen Haue gern."

Ich bin gerade in Ko Chang und habe, noch in Pattaya, die Werbung eines Deutschen gelesen, der hier eine Pizzeria betreibt und außerdem auch sehr gute deutsche Gerichte anbietet, wie z.B. „Geschnetzeltes mit Rahmsoße und Spätzle", allerdings nicht billig - 260 Baht, das sind in etwa 11.- DM und das ist für Thailand ganz schön happig.

Aber "was kostet die Welt", wenn man hier lebt, möchte man auch ab und zu so etwas essen, obwohl nichts über die thailändische Küche geht.

Ich gehe also dorthin und bestelle mir das Geschnetzelte mit Spätzle.

Der Besitzer war leider nicht da, er ist derzeit in Deutschland.

Nach etwa 20 Minuten kam auch schon mein Essen (das war jetzt nicht sarkastisch gemeint, sondern ich war tatsächlich verwundert, daß es so schnell ging).

Nur es sah einem Geschnetzelten nicht einmal im Entferntesten ähnlich - es waren drei Schweinemedallions (auch nicht schlecht), mit ein wenig, die Betonung liegt auf wenig, Rahmsoße und ebenfalls drei Stückchen Spätzle -.

„Zu jedem Stück Medallion ein Stück Spätzle"

Ich meine, und das haben Sie sicher schon längst durch-
schaut, das mit den Spätzle habe ich "ein wenig" übertrie-
ben, aber es waren tatsächlich kaum Spätzle auf dem Teller,
eigentlich gerade genug, daß die Soße dafür reichte.

Als ich dann zufällig Richtung Küche blickte, sah ich auch
den Grund meines kümmerlichen Gerichtes:

**- der Koch saß in der Küche
(ich war übrigens der einzige Gast)
und aß „Schweinemedallions mit Spätzle (übrigens
reichlich) und Rahmsoße" -.**

Warum hält sich eigentlich in Thailand niemand an die ge-
setzlichen Feiertage ?

Songkran, das thailändische Wasserfest und gleichzeitig
Happy New Year in Thailand, ist gemäß internationalem
Kalender vom 13. - 15. April.

In Koh Chang jedoch bereits am 12. April, in Pattaya offiziell
erst am 17. April und auf Ko Samui gar noch später.

Das hindert jedoch die Pattayaner nicht daran vom   13.
- 19. April zu feiern.

"Man muß die Feste feiern, wie sie fallen"

und wenn es sein muß, dann lassen wir sie halt mal länger
fallen - aber nicht so hart.

Ich habe es ja schon mal angesprochen, die "Bescheißerei" in den Lokalen und ich sollte mich auch langsam daran gewöhnt haben, aber es „kotzt" mich an und dafür gibt es leider keinen sanfteren Ausdruck, wenn ich immer die Rechnung kontrollieren muß und eigentlich schon im Voraus weiß, daß sie nicht stimmt.

So habe ich mir heute Abend, weil ich es an einer Kreidetafel in dem Lokal in dem ich saß gelesen habe, ein Crepe Suzette für 160 Baht und ein Cola (das stand jedoch nicht auf der Tafel) bestellt.

Als ich nach der Rechnung verlangte, bemerkte ich, daß für das Crepe Suzette plötzlich 180 Baht berechnet wurden.

Ich wies auf die "Kreide"tafel und da meinte die Bedienung, der Preis würde nicht mehr stimmen, sie hätten "den" Preis erhöht (ausgerechnet "diesen" Preis - ha ha -).

Und es ist ja auch unglaublich schwierig, auf einer Kreidetafel etwas zu ändern, dazu bräuchte man ja schließlich einen nassen Lappen und eine Kreide dazu und das wichtigste - man müßte auch noch schreiben können -.

Ich mußte dann doch nur den alten Preis zahlen.

Anschließend ging ich in die einzige Disco im Ort (ich war immer noch auf Ko Chang) und traf dort einen Schweizer, den ich tagsüber im Wasser kennengelernt hatte.

Ich bestellte mir ein Cola, er ein San Miguel Bier für sich und ein Lemon Breezer für seine Freundin.

Die Bedienung brachte dann ein Cola, ein „Singhabier" und einen „Orange" Breezer - ist das zu fassen ?

Wir erlaubten uns dann tatsächlich, sie darauf hinzuweisen, daß von drei Getränken zwei falsch wären, was schon mal ihren Unmut erweckte.

Sie brachte dann doch noch den Lemon Breezer und ein "warmes" San Miguel Bier, igittigitt.

Das mit dem Bier erfuhr ich aber erst später, da es dem Schweizer zu peinlich war, das warme Bier jetzt auch noch zu reklamieren.

Er lud mich zu meinem Getränk ein, die Zeche machte 290 Baht.

300 Baht wechselten den Besitzer; ich weiß es aus dem Grund genau, da er erst 200 Baht und dann nochmals einhundert Baht aus seinem Geldbeutel zog.

Etwa nach fünf, vielleicht waren es auch sechs Minuten auf keinen Fall weniger, kam die Bedienung und versuchte uns weiszumachen, daß wir nur 200 Baht gegeben hätten (so kann man auch sein Trinkgeld aufstocken).

Warum wartet sie solange mit der Reklamation ?

Das war so eindeutig; man merkt doch, ob man zwei oder drei Scheine erhält !!!!!!!

Ich sagte ihr klipp und klar, daß ich es als Zeuge mit eigenen Augen gesehen hatte, daß sie dreihundert Baht erhielt.

Sie ging weg und kam dann gleich nochmal und versuchte es erneut, natürlich wieder ohne Erfolg.

Das Wechselgeld, das der Schweizer ohnehin als Trinkgeld gegeben hätte, konnten wir dann direkt abschreiben.

Das waren somit fünf Fehler in nur einer Bestellung !!!!

Wenn ich auf den Philippinen (ich vergleiche immer gerne diese beiden Länder, weil sie sich doch sehr ähnlich sind) in einem Lokal sitze und den Mund spitze, um somit ein Geräusch, so ähnlich als wenn man ein Bussi geben würde von mir gebe, dann ist unter Garantie sofort und sofort, das heißt innerhalb 15 Sekunden, eine Bedienung bei mir und frägt mich voller Respekt:

"what can I do for you, Sir" ?

Nicht so in Thailand; da fühlt sich niemand angesprochen.

Das mit dem Mund spitzen funktioniert überhaupt nicht, auch nicht der Zuruf **"excuse me Miss"** oder **"Waitress, please"** selbst wenn man laut **"hello"** ruft, wenn sie gerade mal am Tisch vorbeigeht, denn schauen tun sie ja ohnehin nicht, da könnte ja sonst Arbeit auf sie zukommen, interessiert das keinen Menschen.

Es ist schon lustig; in einem anderen Land der Welt würden sich die Bedienungen wenigsten mal umdrehen und sich Gedanken machen, warum jemand in einem Lokal herumschreit, selbst wenn sie das nicht verstehen, würden sie zumindest fragen, ob sie helfen könnten.

Nicht so in Thailand, denken ist da Glücksache und da fühlt sich eine Bedienung noch eher belästigt.

Was fällt denn dem frechen Ausländer ein, eine Bestellung machen zu wollen !

Selbst wenn man dann doch das Glück hat, daß eine Bedienung sich seiner annimmt und man hat aber eine Thaimaus dabei, dann wird es die Servicedame unbedingt vermeiden, mit Ihnen zu sprechen, denn sie hat es ja viel einfacher, sie kann sich ja auf Thai mit Ihrer Thaimaus unterhalten.

Das läuft dann so ab: „Sie" geben die Bestellung an die Bedienung, in englisch natürlich, auf und sie wird sich sofort an Ihre Begleitung wenden.

Ich persönlich empfinde dies als sehr unhöflich.

Der Schweizer, von dem ich vorher berichtete, lebt in einem netten Village in Pattaya, mit einem riesigen Swimmingpool und einem wunderschön angelegten Garten-Pavillon.

Er schwimmt gerne regelmäßig ein paar Runden, um fit zu bleiben.

An einem dieser Tage fiel ihm ein mächtiges Rauschen auf.

Nachdem das Rauschen kein Ende nahm, rappelte er sich auf und suchte nach der Ursache, die er auch rasch fand.

Ein Schlauch aus dem sehr stark das Wasser spritzte lag mitten in dem oben genannten Pavillon und das Wasser befand sich schon etwa in Kniehöhe - und das bei dem allgemeinen Wassermangel der überall in Pattaya herrscht.

Jeder wird angewiesen, mit Wasser zu sparen.

Und nicht unweit dieses Geschehens saß ein Boy, mag er ca. 20 Jahre gewesen sein, eher noch weniger, der für die ganze Misere verantwortlich zeichnete (das habe ich aber jetzt schön gesagt, nicht wahr?) und war vertieft in sein Gameboyspiel.

Als mein Bekannter ihn anrief mit "hello, what's this" fiel ihm vor lauter Konzentration und Schreck, aber eher das zweite, sein Gameboy aus der Hand und zerbarst in tausend Teile.

Sofort waltete er seines Amtes und drehte das Wasser ab; es war ihm sichtlich peinlich.

Das ist überhaupt so ne Sache mit der Sucht der Thai's.

Sie sind spielsüchtig, handysüchtig, alkoholsüchtig, ja sogar schnüffelsüchtig - 30% aller Thai's schnüffeln den ganzen Tag an einem, so 'ne Art, Mentholstift, an dem man eigentlich nur dann riechen sollte, wenn man einen Schnupfen und daher eine geschlossene Nase hat und nicht zu vergessen "streitsüchtig".

Apropos Wasser sparen.

Da sind wir beim Songkran gerade beim richtigen Thema.

Es ist ja wieder soweit und ausgerechnet in Pattaya, wo der größte Wassermangel herrscht, wird am längsten Songkran gefeiert und daher am meisten Wasser verspritzt.

Da kümmert es keinen, ob wir dann anschließend kein oder nur noch sehr wenig Wasser haben.

So befand sich z.B. ein Freund von mir sogar einen Tag vor dem Songkran in Phuket und saß mit seiner Freundin an der Beachroad in einem "All you can eat" Restaurant, jedoch auf dem Rasen vor dem Lokal, als ein Truck direkt vor dem Restaurant sich bereits fertig machte Leute anzuspritzen und das einen Tag vor Songkran.

"Fertigmachen", bedeutet Wassertanks auf die Tragfläche stellen und befüllen (mit Wasser natürlich), Spritzpistolen und alles was sonst noch spritzt laden und Ausschau halten nach potentiellen Opfern.

Und siehe da, wer sitzt denn da ?

Ein Ausländer beim Essen, die ideale Zielscheibe.
Aber halt - Protest -.

Mein Bekannter merkte sogleich, daß er die nächste Zielscheibe sein sollte und gab den Leuten unmittelbar zu verstehen, daß er es nicht sehr schätze, beim Essen naßgespritzt zu werden.

So teilte er ihnen mit, sollten sie dies nicht respektieren, würde er den ersten töten, anschließend würde er selbst sterben das wisse er, aber wenn sie warten würden, bis er mit dem Essen fertig wäre, dann könnten sie ihn gerne mit 200 liter Wasser überschütten.

Und stellen Sie sich mal vor, diese Trottel warteten tatsächlich eineinhalb Stunden darauf, daß er mit dem Essen fertig war.

Gegen Schluss zu konnte er dann wirklich nichts mehr essen, er war pappvoll, aber die verschwanden einfach nicht.

Es half nichts, er ließ sich von der Bedienung eine Plastiktüte für sein Handy geben und ergab sich dann seinem Schicksal.

Sie feuerten aus allen Rohren auf ihn und freuten sich wie kleine Kinder, daß er dann triefnass nach Hause gehen durfte.

Letzthin saß der Schweizer in einem 5-Baht Taxi (das ja in Wirklichkeit 10 Baht für Ausländer kostet, siehe Seite ichweißnichtwieviel) an der Ampel.

Vor ihnen stand ebenfalls ein solches Taxi, scheinbar tiefer gelegt.

Jedoch bei näherer Beobachtung stellte sich heraus, daß ein Elefant hinten drauf saß - **WAS DER WOHL ZAHLT ?** - 5-Baht, denn es war ja ein thailändischer Elefant.

Neben ihm saß der Mahut, so nennt man die Elefanten-führer (dann sind es ja schon zehn Baht).

Während sie so an der Ampel standen, ließ der Elefant plötzlich seine kompletten Wasserreserven von sich fallen (auf bayerisch würden wir sagen, er pieselte/soachte/pisste, was auch immer), es war ja schließlich Songkran, haha.

Und das reichte dem Minifanten nicht; während das Wasser nur so floss, gab er auch noch einen kräftigen Schlag Schokolade (Igittigitt) dazu.

Der Mahut hob nur gemächlich die Beine, als die gesamte Sauce an ihm vorbei auf die Straße schoss.

Der Elefant stieg dann beim BigC Kaufhaus aus,

er ging wohl shoppen !!!!

Ein anderes Mal war er mit seinem Roller auf der Sukhumvit Road unterwegs.

Vor ihm fuhr ein Truck auf dem ca. zwei Meter hohe Schaumgummimatten transportiert wurden.

Da die Matten nicht befestigt werden konnten, waren sie einfach mit festen Stricken umrundet und da sie ja wegen ihrer Höhe noch immer herunterfallen konnten, standen zusätzlich auf jeder Seite jeweils ein Thai, die immer in die andere Richtung zogen, falls das Fahrzeug in eine Kurve fuhr.

Und der Truck fuhr nicht einmal langsam, nein im Gegenteil, mein Bekannter hatte Mühe mit seinem Roller Schritt zu halten.

Gott sei gedankt, passierte jedoch, verwunderlicherweise, nichts.

Wie heißt es so schön

"die Dummen haben eben das Glück"

Vor ca. acht Monaten habe ich bei TOT eine ADSL-Internetverbindung beantragt.

Was dann, nach diversen Hindernissen, wie Sie sich vorstellen können, doch letztendlich geklappt hat.

Wir nutzen die dafür notwendige Telefonverbindung ausschließlich für das Internet, d.h. wir haben überhaupt kein Telefon angeschlossen.

Dennoch wurden uns bereits mit der ersten Abrechnung diverse Telefonate in Rechnung gestellt????????

Ich reklamierte und die Kosten dieser Telefonate wurden kurzerhand gestrichen.

Bei der nächsten Abrechnungen waren prompt erneut ca. 35 Telefonate abgerechnet.

Wiederum fuhr ich zu TOT, um zu reklamieren.

Die Gebühren wurden erneut gestrichen und ich erhielt die Mitteilung, daß am „nächsten Tag" ein Techniker vorbeikommen würde.

Das machten wir dann so die nächsten sechs Monate, ohne daß ich jemals einen Techniker zu Gesicht bekam, dafür jedoch jedesmal ca. eineinhalb Stunden bei TOT verschwendete, um jeweils die Gebühren streichen zu lassen.

Jetzt bei der letzten Abrechnung kam ich, glücklicherweise, an eine **"intelligente"** Servicedame.

Doch doch, das gibt es tatsächlich, sogar in Thailand, sehr selten, aber doch.

Die machte mir dann den Vorschlag, die Telefonnummer für ausgehende und ankommende Gespräche zu sperren, so daß die Leitung tatsächlich nur noch für das Internet nutzbar war.

Und siehe da, es klappte.

Warum muß man da erst acht Monate warten, um so eine Lösung zu finden ???

Jetzt kommt eine lange, aber interessante Geschichte.

Letzte Woche war ich, wieder einmal, in Sri Racha und ich fand tatsächlich das AIS Gebäude.

"auch ein blindes Huhn findet mal ein Korn".

Dort versuchte ich diese, in einer der vorigen Geschichten beschriebene, Promo zu erhalten wo man 499 Baht monatlich zahlt und dann von sechs Uhr früh bis achtzehn Uhr abends kostenlos telefonieren kann.

Ich zeigte meinen Reisepass mit dem Jahresvisa und wurde dann direkt nach meiner Arbeitserlaubnis gefragt.

Daß ich in der glücklichen Lage wäre, niemals mehr arbeiten zu müssen, beeindruckte diese Leute nicht im geringsten.

Ob ich denn eine Thaiperson hätte, die für mich bürgen könne.

Ich war ein wenig fassungslos, denn es ging ja doch um die unglaubliche Summe von 499 Baht, umgerechnet immerhin zehn Euro.

Warum eine Thaiperson für mich bürgen solle, wurde mir sogleich erläutert.

Es könne ja sein, daß ich ins Ausland ging und dann würden sie ihr Geld nicht bekommen.

Es ist übrigens allgemein bekannt, daß die Ausländer die einzigen sind, die ihre Rechnungen immer pünktlich zahlen, da sie sonst spätestens beim zweiten Grenzübertritt erhebliche Schwierigkeiten bekommen würden.

Langsam wurde ich stinkig (man konnte es aber noch nicht riechen, nein, nein) und deutete auf die Thaikunden im Gebäude und meinte, daß wohl keiner der Anwesenden soviel Geld wie ich hätte (ganz schön arrogant, nicht wahr; war aber nötig in dieser Situation, um Dampf abzulassen).

"Wenn ich nun also auf der Straße dem nächsten Penner, der mich anbettelt, zehn Baht in die Hand drücke, um für mich zu bürgen, das würde anerkannt werden" ?

Die Antwort war, Sie glauben es kaum: "**ja**".

Sie bedauerten es sehr, aber das wäre die Policy.

Ich war zu keinen weiteren Worten mehr fähig, drehte mich um und ging ins Robinson Kaufhaus, wo meine Frau und mein Töchterchen bereits auf mich warteten.

Wir gingen in den ersten Stock zum DTAC Schalter (das ist ein anderer Telefontarifanbieter) und beantragten dort eine Telefonnummer.

DTAC hat ein ähnliches Angebot wie AIS und zwar für nur 299 Baht Monatsgebühr von 5 Uhr früh bis 17:00 Uhr nachmittags kostenlos telefonieren.

Dabei hatte meine Frau die grandiose Idee, meinen Thaiführerschein vorzuzeigen.

Und man glaubt es kaum, die Verkäuferin zückt sofort ein Antragsformular, machte eine Kopie meines Reisepasses und Thaiführerschein's und ließ uns direkt eine Telefonnummer aussuchen - phänomenal.

Das versuchen wir doch gleich mal beim AIS Schalter im Robinson.

Tatsächlich, auch hier zückt man sofort ein Anmeldeformular, macht Kopien meiner beiden Ausweise und legt mir diverse Nummern zur Auswahl vor.

Daraufhin fragte ich, ob ich meine bereits bestehende Telefonnummer die ja ebenfalls von AIS wäre dafür benutzen könnte.

Das sehr hilfsbereite Personal schüttelte bedauerlich den Kopf und meinte, bei ihnen könnte ich nur eine neue Nummer bekommen, für mein Ansinnen müßte ich direkt zu dem AIS Gebäude gehen - schon wieder -.

Was soll's, wenn das mit dem Thaiführerschein hier geklappt hat, dann wird es wohl auch dort klappen.

Sie gaben mir dann noch freundlicherweise, den bereits halb ausgefüllten Antrag, sowie die Kopien meiner Ausweise mit.

Frohen Mutes ging ich also nochmals zu dem Gebäude zurück und präsentierte dem gleichen Personal nun meinen Thaiführerschein.

Ein bedauerndes Achselzucken und der Hinweis auf den Thaibürgen war die Antwort.

Daraufhin zeigte ich ihnen die Unterlagen von DTAC über meinen getätigten Kauf einer Telefonnummer und sagte, daß diese meinen Thaiführerschein akzeptiert hätten, sowie auch der AIS Schalter im Robinson.

Das gibt es nicht, meinten sie und sie würden sofort im Robinson anrufen.

Das bräuchten sie gar nicht machen, meinte ich, denn wenn sie versuchen, dies nun zu blocken, dann würde ich es halt bei dem AIS Schalter in Pattaya kaufen oder direkt bei AIS in Bangkok, mit denen ich vor fünf Minuten telefoniert hätte (was natürlich erstunken und erlogen war) und die mir sofort bestätigten, daß ein Thaiführerschein absolut aus-reichend wäre.

Sie sollen lieber nochmals mit dem Manager sprechen, ob er seine engstirnige, "falangfeindliche" Meinung nicht ändern wolle.

Eine der Damen ging dann doch nach hinten, in das Büro des Managers, falsch, der Managerin (**keine Fragen mehr**), das fand ich nämlich heraus, als ich ebenfalls nach hinten ging und durch die Glastüre kuckte, um evtl. ein direktes Gespräch zu finden.

Die Managerin sah mich und fing an zu keifen, daß der dämliche Farang (oh, wie ich dieses Wort haßte) von ihrer Türe verschwinden sollte.

Die Servicedame kam wieder heraus (sie konnte ja auch schlecht drin bleiben) und teilte mir zum dreitausendfünfhundertdreiundsechzigstenmal ihr Bedauern mit, aber ich bräuchte doch so einen Pennerthaibürgen.
Ach das wäre nicht so schlimm, meinte ich,

"wenn ihr zu doof seid, Geschäfte zu machen, dann machen halt andere das Geschäft".

Ich ging dann zurück zum AIS Schalter im Robinson, ließ den Antrag fertig ausfüllen und suchte mir eine neue Nummer aus und schon hatte ich meine Promotion.

"was lange währt, wird endlich gut".

Mein Schweizer Bekannter geht täglich zum Jom-Tien-Strand, weil man dort alles bekommt, vom Kaffee bis zum Thaiessen.

So auch vor ein paar Tagen.

Er bestellt sich einen Kaffee mit Milch.

Die Bestellung wurde auch sofort prompt geliefert.

Als er jedoch die Milch in den Kaffee schüttete, merkte er, daß diese flockt, also nicht mehr gut war.

Er rief den Beachboy und zeigte ihm die Misere, welcher sich sofort entschuldigte, den Kaffee nahm und meinem Bekannten einen neuen Kaffee und ein neues Milchkännchen brachte.

Es kam wie es kommen mußte - die Milch flockte.

Der Schweizer rief den Boy, der meinte jedoch, das könnte nicht sein, woraufhin mein Bekannter mit dem Boy zur Kühlzelle ging, um herauszufinden warum die Milch zweimal schlecht war (ich denke wir alle wissen bereits warum).

Er fand fünf weitere Milchkännchen vor, in denen natürlich überall die gleiche Milch war.

Doch der Beachboy verneinte dies; als er jedoch seine Frau fragte, meinte diese verlegen, daß es tatsächlich so wäre (haben wir doch gewusst).

Ein anderes Mal beobachtete er vom Strand, wie ein Essenwagen, mühsam von einer Thai geschoben, des Weges kam.

Ein Essenwagen in Thailand ist so ein Wägelchen wo man Spießchen, Hühnerkeulen und andere Leckereien gegrillt bekommt.

Sie erreichte also ihr Ziel und hatte dann jedoch das Problem, daß der Wagen frontlastig war, das bedeutete, daß sie den Wagen nicht hinstellen konnte, ohne daß er nach vorne kippte.

Es fand sich jedoch schnell ein hilfsbereiter Thai, der einen Stein, befestigt an einer Schnur, herbeibrachte.

Er hängte den Stein mit der Schnur an den Lenker des Wägelchen, so daß er eine gewisse Stabilität bekam.

Somit konnte sie direkt mit ihrer Arbeit beginnen, nämlich für die bereits wartenden Kunden die Spießchen und Hühnerschenkel zu grillen.

Sie war bereits mitten in der Arbeit, als ein Thai aus dem Seven/Eleven herauskam, den hängenden Stein sah und diesen, oh Graus, oh nein, vom Lenker wegnahm.

Was nun kam, müssen Sie sich mal bildlich vorstellen - der Wagen kippte vornüber und die Spieße und die Hühnerschenkel flogen durch die Luft.

Nachdem die Frau sich von dem Schrecken erholte, nahm sie das nächste Messer und lief schreiend und kreischend auf den dummen Trottel, der ohne Hirn geboren wurde, zu.

Der nahm natürlich Reißaus und lief um sein Leben so schnell er nur konnte.

Wenn Sie mich fragen, dann läuft der noch immer.

Da gibt es noch eine lustige Anekdote über den Schweizer.

In Thailand geht man für gewöhnlich täglich zum Essen, denn so billig kann man selbst gar nicht kochen.

Einmal da bestellte er Schnitzel mit Kartoffelsalat, bat jedoch darum, den Kartoffelsalat vorneweg zu erhalten, da er diesen nicht zusammen mit dem Schnitzel essen wollte.

Nicht zu glauben - das klappte sogar und der Kartoffelsalat schmeckte vorzüglich.

Wenig später kam dann das Schnitzel, und raten Sie mal „zusammen mit einem Kartoffelsalat" ???

Er teilte der Bedienung freundlich mit, daß er doch gewünscht hatte, das Schnitzel ohne Kartoffelsalat zu erhalten.

Sie nahm den Teller wieder mit und .... kam nie wieder.

Nach ca. 15 Minuten fragte mein Bekannter, wo denn sein Schnitzel wäre.

Die Bedienung nun vollends verwirrt brachte das nun bereits kalte Schnitzel wieder, raten Sie mal, mit Kartoffelsalat.

Schweizer sind ja bekannt für ihre Gemütlichkeit, ich wäre schon längst ausgeflippt, daher erklärte er ihr nochmals ruhig was Sache ist und siehe da, sie schien es nun beim zweiten Anlauf doch zu kapieren, denn wahrlich, sie brachte nach etwa weiteren zehn bis fünfzehn Minuten erneut, diesmal sogar, zwei Stück Schnitzel, ohne Kartoffelsalat.

Erfreut und mittlerweile wieder hungrig machte sich der Schweizer über das Schnitzel her.

Aber Achtung, der Clou kommt jetzt erst :

Nach ca. drei Minuten kam der deutsche Koch, um sich zu erkundigen, wie sein Essen so schmeckt und bemerkte:

"was, Sie haben ja gar keinen Kartoffelsalat, Bedieeeeeenung"

Ein typisches Zeichen, wie wenig die Thai's uns schätzen, ist auch die Strapaze des Visarun, den sie uns immer wieder auferlegen.

Auf den Philippinen beantragt man z.B., wenn man dort leben möchte ein Quota Immigrant Visa, das dauert dann etwa vier Wochen bis man es bekommt und dann braucht man nie mehr in seinem Leben das Land verlassen.

Man muss dann nur immer am Jahresanfang etwa drei Euro Paperwork an die Immigration bezahlen und mit diesem Visa braucht man auch keine Arbeitserlaubnis mehr, denn man ist ja bereits Immigrant und ist daher berechtigt zu arbeiten.

Nicht so in Thailand.

Wir sind hier nicht sehr willkommen und ein "permanent stay" wird uns auch sehr schwer oder fast unmöglich gemacht.

So bekommt man im Land selbst überhaupt kein Visum mehr, wenn man versäumt hat, es in seinem Heimatland zu beantragen.

Dann gibt es für Normaltouristen mit Müh und Not ein Zwei-Monatsvisum, meistens aber eher nicht, d.h. man muss dann immer nach 30 Tagen einen Visarun ins benachbarte Kambodscha machen, der etwa 45 bis 55 Euro kostet.

Hat man das Glück, ein 2-Monatsvisum bekommen zu haben, kann man sich nach Ablauf dieser zwei Monate noch einen weiteren Monat bei der Immigration dazu kaufen ohne den Visarun zu machen, ach wie großzügig.

Dieser Monat kostet allerdings genausoviel, wie ein Visarun.

Will man jedoch länger in Thailand bleiben, muß man jeden Monat diesen Visarun machen oder man weist, wohlgemerkt auf einem Thaibankkonto, ein Guthaben von drei Mio. Baht, das sind in etwa 135.000 DM (ich schreibe es gerne in DM nieder, obwohl wir eigentlich schon lange den Euro haben, aber dann können wir uns immer vor Augen halten, wieviel Geld es tatsächlich ist) vor, dann hat man eine kleine Chance, jedoch nicht garantiert, ein Jahresvisum zu erhalten.

Das ist doch in keinem Verhältnis, wer gibt denn soviel Geld in einem Jahr aus - die spinnen, die Thai's -.

Doch selbst mit diesem Non Immigrant Visa "muß" man alle drei Monate das Land verlassen, d.h. den Visarun durchführen und wenn man dann außer der Reihe einmal das Land verläßt, dann verfällt das gesamte Visa.

Um dies zu vermeiden, muß man ein Multiply-Re-Entry-Non-Immigrant-Visa beantragen, und das kostet.

Was ich nicht so ganz verstehe, warum muß man überhaupt das Land verlassen, wenn man doch ein "Jahresvisa" hat.

Und glauben Sie nicht, daß Sie dieses "Vorzugs-Visa" ein zweites Mal erhalten.

Meine Frau hat ihr Non Immigrant Visa bei der Thai Embassy in München erhalten und ihr wurde direkt bei Ausgabe mitgeteilt, daß sie dieses Visa kein zweites Mal erhalten würde, da sie noch zu jung wäre (38????), um in Thailand leben zu können.

Wohlgemerkt, wir hatten den Nachweis des Geldes vorgezeigt. Was wollen die denn noch ????

Ich werde jetzt nächstes Jahr fünfzig, dann habe ich die Möglichkeit, ein Rentnervisum zu beantragen.

Bei diesem Visa muß man dann nicht mehr alle drei Monate einen Visarun machen, aber man muß dennoch alle drei Monate zur Immigration, um sich einen Stempel in den Reisepass machen zu lassen.

Und anstatt drei Mio., muß man nur noch 800.000 Baht vorweisen, wie großzügig.

Jetzt ist aber meine Frau erst vierzig und wenn ich fünfzig bin, wie soll das dann in Zukunft funktionieren, mit den Visa's ??????

Ach übrigens: arbeiten darf man mit diesen Visa's noch lange nicht; das wollen die nämlich gar nicht, die wollen nur unsere „Kohle".

Zur Zeit erzähle ich, wie Euch sicher schon aufgefallen ist, öfters Geschichten von Bekannten.

Das liegt jedoch nicht daran, daß mir meine eigenen Geschichten ausgegangen wären, sondern vielmehr, daß ich nicht den Eindruck erwecken möchte, daß das alles immer nur mir passiert.

Ich denke mir, daß es wohl keinen Ausländer in Thailand geben wird, der nicht auf Anhieb ebenfalls einige Thai rak Thai Story's auf Lager hätte.

Machen wir doch gleich weiter mit einer Story meines Schweizer Bekannten.

Er kaufte bei Honda einen Koffer für seinen Roller, den er, verständlicherweise, auch gleich gerne montiert haben wollte.

Er ließ seinen Roller für eine Stunde bei Honda und als er zurückkam war die Montage vollbracht, aber wie ????

Als mein Bekannter versuchte, den Koffer zu öffnen, ging dieser jedoch nur halb auf, da ihn der Mechaniker zu nahe an den Sitz montiert hatte.

Der Monteur meinte, das würde schon so gehen, aber je öfter sie den Koffer auf und zu machten, desto mehr verformte sich der Deckel und bereits nach wenigen Minuten schloß der Koffer nicht mehr richtig.

Diese Arbeit wäre nicht akzeptabel, meinte der Schweizer.

Sogleich demontierte der Monteur den bereits verformten Koffer und stellte ihn zurück ins Verkaufsregal (der arme, nächste Kunde).

Dann kramte er irgendwo ein Chromgestänge hervor, das er versuchte auf dem Roller zu montieren.

Allerdings sah ein Blinder mit Krückstock, daß dieses Gestänge viel zu breit war.

Jetzt würde man eigentlich erwarten, daß er den Roller ausmisst und das Gestänge in den vorhandenen Schraubstock einspannt, um es auf die richtige Breite zu bringen.

Das geht doch viel einfacher - das Gestänge wurde auf den Boden gelegt und per Fuß, mit Körpergewicht, zusammengedrückt.

Dann wurde es erstmal auf der rechten Seite an den Roller angeschraubt.

Anschließend fand der Mechaniker, (doch noch) heraus, daß das Gestänge noch immer zu breit war.

Kein Problem - einer bog das Gestänge ein wenig zusammen und der andere schraubte.

Als sich mein Bekannter erlaubte zu bemerken, daß die Schrauben unter der hohen Druckbelastung nicht halten würden, sah ihn der Thai nur geringschätzig an.

Was weiß ein "Farang" (wie ich dieses ....) denn schon, die Thai's sind ja viiiiiiel klüger.

Er schraubte also weiter und als er gerade mit der zweiten Schraube fertig war, gab es einen lauten Knall und beide Schrauben schossen wie zwei Raketen durch die gesamte Werkstatt.

Ein Wunder, daß niemand verletzt wurde.

Da wurde der Monteur plötzlich ganz ruhig und sogar eine leichte Röte überzog sein Gesicht, **das er gerade verloren hatte.**

Mein Freund, übrigens ein Österreicher, hatte in Thailand ein Bankkonto eröffnet und gleich mal in bar eine Mio. Baht darauf eingezahlt und eine Mio. Baht von Österreich überwiesen.

Angegebener Verwendungszweck - zum Kauf eines Condominium's.

Eigentlich war es jedoch sein "Spielgeld", mit dem er an der Börse ein wenig spekulieren wollte.

Als es dann soweit war, daß er sein Geld wieder benötigt hätte, d.h. er einen Transfer nach Amerika machen wollte, bekam er von der Bank die Antwort, daß dies leider nicht möglich wäre, da er über sein "eigenes" Geld nur verfügen könnte, wenn er nachweislich ein Condominium in Thailand kaufen würde.

Das konnte doch nur ein Scherz sein; er zeigte seinen Einzahlungs-, sowie Überweisungsbeleg vor und sagte er wolle sofort „sein" Geld wieder ausgezahlt bekommen, da der Kauf eines Condominium's nicht geklappt hat.

Die Antwort war - "sorry, Policy in Thailand".

Er musste sage und schreibe drei Wochen um sein Geld kämpfen und tausend Belege beibringen, bis er endlich den Transfer nach Amerika bewilligt bekam.

Da bekommt man doch richtig Geschmack, in Thailand ein Konto zu eröffnen.

Übrigens ist es seit diesem Jahr auch möglich, bei diversen Banken in Thailand ein Devisenkonto zu eröffnen.

Nur da vergeht einem die Lust bereits beim durchlesen der Kontoeröffnungsbedingungen.

So muß z.B. bei einem Eurokonto immer ein Minimumbetrag von, nein, nicht 100 Euro, auch nicht 500 Euro, sondern 5.000 Euro, auf dem Konto verbleiben, ansonsten fallen Strafgebühren an.

Sehr ausländerfreundlich, nicht wahr ?

Thai rak Foreigner (Thai liebt Ausländer).

Heute hatte ich ein nettes Erlebnis in dem Computerkaufhaus Pattaya's.

Ich fuhr dorthin, um mir ein paar neue PDA-Handy's anzuschauen, damit ich meiner Frau mein XDA von O2 geben konnte, da sie sich jetzt doch endlich entschlossen hatte ein vernünftiges Handy zu benutzen.

Ich fand jedoch nichts zu einem vernünftigen Preis und schlenderte so durch die Gänge als mein Blick auf ein schönes Slidehandy von Siemens fiel.

Das wäre doch ein hübsches Übergangshandy für meine Frau bis ich etwas zu einem vernünftigen Preis für mich fand.

Dieses Handy kostete noch vor drei Jahren über 300 Euro, da es das erste seiner Art auf dem Markt war.

Hinter dem Verkaufsschalter stand jedoch niemand.

Daher fragte ich am Nebenschalter, wo denn die Saleslady wäre.

Die nette Dame von nebenan (hört sich gut an) deutete auf ein Mädl mit einem Kind auf dem Arm, das gerade zwischen den Gängen daherkam.

Jedoch blieb sie erst, zu einem kleinen Schwätzchen, zwei Stände vor ihrem Stand stehen.

Nach ca. fünf Minuten, nachdem sie noch immer keine Anstalten machte, nun doch langsam zu ihrem Schalter zurückzukehren, ging ich die paar Schritte zu ihr **("wenn Moses nicht zum Berg kommt, dann kommt halt der Berg zum Moses")** und klopfte ihr auf die Schulter: "excuse me, Customer" (Entschuldigung, Kunde).

Da muss man sich schon entschuldigen, wenn man etwas kaufen möchte. Aber sie kam, immerhin.

Das Kind gab sie vorher ab.

Ich deutete auf das second Hand Siemens Handy und fragte was es kostet.

Sie holte es aus der Vitrine und legte noch ein zweites, andersfarbiges zum aussuchen daneben und meinte - 2.200 Baht, in etwa 47 Euro.

Ich entschied mich für das rote und fragte nach Rabatt.

In Thailand dürfen Sie niemals den ersten Preis akzeptieren, auch wenn es vielleicht der endgültige Preis ist, da Sie sonst sofort den Anschein erwecken reich zu sein.

Und reich zu sein in Thailand heißt **"ich will etwas von Deinem Reichtum abhaben"**, man wird schnell zum "Freier".

Sie ging auch sofort runter mit dem Preis auf 2.000 Baht.

Dann fragte ich noch nach einem Täschchen zum umhängen, da meine Frau ihr Handy immer sonst wo hat, nur nicht in Hörweite (wie halt Frauen so sind).

Sie verwies mich auf den Schalter hinter mir, die hatten eine große Auswahl an Umhängeschnüren.

Ich zahlte und nahm das Handy, drehte mich um, während die Verkäuferin die Garantierechnung fertig machte und ließ mir gleich eine farblich passende Schnur an das Telefon machen.

Ich steckte das bereits bezahlte Telefon ein und drehte mich wieder um, um meine Rechnung und das Ladekabel in Empfang zu nehmen.

Die freundliche Verkäuferin streckte mir auch sogleich meine Rechnung und ...... das zweite Telefon entgegen ???

Sie hatte scheinbar vergessen, daß sie mir bereits ein Telefon gegeben hatte.

Um sie nicht in Verlegenheit zu bringen, sagte ich ihr, daß ich die Sachen gleich abholen würde, ich müsse nur noch kurz zu einem anderen Shop.

Ich sagte das, damit sie die Gelegenheit erhielt, nochmals darüber nachzudenken und evtl. selbst draufzukommen, daß sie mir ja schon das andere Handy gegeben hatte.

Als ich ein paar Minuten später wieder zurückkam, gab sie mir erneut das zweite Handy und das Ladekabel.

"Ob es jetzt wohl unverschämt wäre, wenn ich sie nach einem zweiten Ladekabel fragen würde"?

Ich gab ihr natürlich das zweite Handy zurück !?

"Thai rak Foreigner"

Vielleicht ist Ihnen schon aufgefallen, daß ich im Verlaufe dieses Buches immer intoleranter und vielleicht auch ein wenig aggressiver werde.

Es ist doch kein Wunder Leute, im normalen Leben ziehen sich diese Ereignisse, manche vergißt man auch ganz wieder, andere dafür nie mehr.

Aber jetzt beim Schreiben kommen diese Vorkommnisse alle geballt nochmals auf mich zu.

Ich denke, da würde jeder aggressiv werden.

Gott sei Dank sind wir schon bald am Ende, sonst hau ich noch irgendeinem Thai dieses Buch um die Ohren.

Was mich jedoch am meistens an den Thai's stört, ist die Abzocke und ihre Unfreundlichkeit (glaubt mir, die Freundlichkeit, die sie an den Tag legen, ist nicht echt) und natürlich noch ihre Dummheit.

Hier kommen drei kleinere Geschichten, wo man diese drei Merkmale nochmals erkennen kann:

Wir, meine Frau, ich und natürlich mein kleines Töchterchen, fahren mit dem Auto zur Busstation um dort ein Ticket nach Bangkok für den nächsten Tag zu kaufen.

Auf dem Weg dorthin, noch in unserer Straße die immer sehr belebt ist, fährt plötzlich eine Mopedfahrerin links aus einer Seitenstraße raus und setzt sich direkt „vor" uns.

Eigentlich ja „in" uns, denn wenn wir nicht eine Vollbremsung gemacht hätten, wäre sie auf meinem Schoß gelandet (auch nicht schlecht).

Sie hatte beim, nach links abbiegen stur nach links geschaut, in der Hoffnung, da wird schon nichts von rechts kommen

- "Dummheit" -.

Manchmal kommt es mir vor, als wenn sie in solchen Situationen einfach die Augen schließen und wie kleine Kinder dann denken, sie wären unsichtbar.

Im weiteren Verlauf der Fahrt sah ich vor uns eine Roller-fahrerin, die keine Spiegel besaß - ganz schön leichtsinnig.

Erst als wir das Mädchen überholten. bemerkten wir, daß sie "beide" Spiegel nach innen geklappt hatte, damit sie sich selbst beim Fahren besser beobachten konnte (vielleicht ob das Makeup ja nicht verrutscht)

- "Dummheit" -.

Hier trifft das Sprichwort:

"Frau am Steuer - ungeheuer"

ich habe nicht gesagt, daß dieses Sprichwort auf alle Frauen zutrifft, manchmal stimmt auch nur

"Frau am Steuer, kommt sehr teuer"

(Das war jetzt ein Scherz!?).

Als wir dann bei der Busstation ankamen, ging ich zum Schalter, um für den nächsten Tag ein Busticket für Bangkok zu kaufen.

Die Dame hinter dem Schalter versuchte mich sehr unfreundlich abzuspeisen und teilte mir mit, daß ich am nächsten Tag 30 Minuten vor der Abfahrt kommen solle, dann könnte ich das Ticket erst kaufen.

Daraufhin meinte ich, daß das Ticket für meine gehbehinderte, im Rollstuhl sitzende Bekannte wäre und die könne das Ticket nicht selbst kaufen.

"Es geht nicht" war die Antwort.

"Aber sie haben doch ein Computersystem und da wäre es doch sicher machbar; für meine arme, kranke Bekannte" war mein Einwand.

Ihr habt sicher schon gemerkt, daß es diese Bekannte nicht gab, aber wie sagt man so schön

"der Zweck heiligt die Mittel".

Jetzt wurde die Dame schon ungeduldiger und herrschte mich an, endlich wegzugehen und den Weg freizumachen für die anderen Fahrgäste, sie würde mir heute und jetzt kein Ticket verkaufen

- "Unfreundlichkeit" -.

Was wird wohl jetzt meine arme, gehbehinderte Bekannte dazu sagen ?

In Bangkok angelangt, stieg ich in ein Taxi ein, um zur Morchit Busstation zu fahren.

Dort fuhr nämlich der Bus nach Kambodscha weg.

Der Taxifahrer schaltete schön brav den Zähler ein und fragte mich auch gleich, wo die Reise denn hinginge.

Nach Kambodscha, teilte ich ihm mit, woraufhin er meinte, daß er mich für 3.000 Baht ebenfalls dorthin fahren könnte.

Da der Bus jedoch nur 100 Baht kostete, lehnte ich dankend ab.

Der Taxifahrer nervte mich noch weitere fünf Minuten und als er jedoch merkte, daß ich nicht nachgab, warf er mich kurzerhand irgendwo in der Pampas aus dem Taxi, mit den Worten, „er könne mich nicht zur Busstation bringen".

"Abzocke und Unfreundlichkeit" -.

Es dauerte dann tatsächlich auch etwas länger, bis sich wieder ein Taxi dorthin verirrte, wo ich mit Sack und Pack stand.

Wenn man im HomePro, das ist ein Baumarkt im CareFour, einkauft, dann geht das ja immer ziemlich flott.

Mit einkaufen und bezahlen an der Kasse etwa zehn Minuten.

Aber wehe, man benötigt noch eine Rechnung oder etwa einen Garantieschein; da sitzt man dann schon gut und gerne (aber so gerne eigentlich auch wieder nicht) mal fünfundvierzig Minuten.

Und wenn man dann auch noch die Frechheit besitzt, sich das eben Erworbene liefern lassen zu wollen, dann dauert das ganze, mit dem Lieferschein, schon mal 1 1/2 Stunden.

So ließ sich der Schweizer einmal einen Sonnenschirm liefern.

Als die Lieferung dann ankam, kamen da, sage und schreibe, drei Leute daher: **einer** trug den Sonnenschirm, **einer** den Sonnenschirmständer und **einer** den Lieferschein - das nennt man Arbeitsteilung und Arbeitsbeschaffung.

Wie sich dann noch herausstellte, war der Schaft des Ständers doppelt so groß wie der Stil des Sonnenschirms.

Auf die Frage, wie das funktionieren solle, meinten die drei „kein Ploblem" (die können ja kein r sprechen) und steckten einfach eine zusammengerollte Zeitung mit in den Schaft

- ist das zu glauben - ?

Beim nächsten Windstoß ist der Sonnenschirm weg, soviel ist sicher.

Mein Bekannter fuhr dann mit zurück zum HomePro, um dort auch gleich mit dem Manager zu sprechen.

Dieser war dann, Gott sei Dank, sofort gleicher Meinung mit meinem Bekannten und knöpfte sich die Drei vor, warum sie den falschen Ständer geliefert hatten.

Aber wir wissen doch die Antwort, nicht wahr !!!!

In dem Village, in dem ich lebe, wohnen sehr viele Ausländer, unter anderem ein Holländer mit seiner Thaifrau und sein Nachbar ist ein Deutscher, ein Bekannter von mir - wir spielen immer Tennis zusammen -, ebenfalls mit seiner Thaifrau.

Da Deutsche ja bekanntlich klüger als Holländer sind (das war aber jetzt wirklich ein Scherz), hat der Deutsche sein Haus auf eine Company/Firma (Erläuterung, siehe Geschichte mit dem Engländer) gekauft, der Holländer dagegen auf den Namen seiner Frau (schon wieder einer).

Der Holländer protzte immer mit seinem Geld, um ja jedem speziell seiner Frau zu zeigen, daß er Geld hat.

Einmal rief seine Frau Ihre Nachbarin, die Frau des Deutschen, an um ihr mitzuteilen, daß in Kürze ein „wirklich günstiger" Diamantenhändler kommen würde und sie solle doch rüberschauen, um evtl. ebenfalls etwas zu kaufen.

Da Thai- oder eigentlich generell asiatische Frauen sehr sensibel und daher leicht beeinflussbar sind, wäre die Frau des Deutschen schon gerne sofort hinübergeeilt, um auch "ihr" (war ja gar nicht „ihr") Geld auszugeben.

Wenn da nicht ein Hindernis gewesen wäre - ihr Ehemann.

Dieser machte ihr sehr deutlich klar, daß sie gerne ihr eigenes Geld ausgeben könne, aber nicht sein's und er meinte, sie werde schon noch sehen, wo das mit der Nachbarin bzw. dem Nachbarn hinführen würde.

Und er behielt Recht.

Bereits nach wenigen Monaten war plötzlich das Geld des Holländers „alle" und man sah ihn kaum noch ausgehen.

Auch seine große Klappe war plötzlich sehr klein.

Eines Tages kam dann die Thaifrau des Holländers zu dem Deutschen, um sich von ihm 500.000 Baht zu leihen.

Als Sicherheit gab sie ihm das Haus, mit allen erforderlichen Dokumenten, wie z.B. Hausbuch, Notarvertrag usw.

In dem Vertrag stand z.B. daß, sollte sie nicht in der Lage sein den Kredit binnen zwei Jahren zurückzuzahlen, so würde das Haus, übrigens mit einem Wert von 3,5 Mio. Baht, auf den Deutschen übergehen.

Jetzt raten Sie mal, wie sie das Geld jemals zurückzahlen will ??????

Und schon hat wieder ein Ausländer all sein Vermögen in Thailand verloren.

Diesmal jedoch durch seine eigene Dummheit.

Wenn man in Thailand Geschäfte machen will, dann muß man höllisch aufpassen, daß man nicht abgezockt wird.

So ist bzw. war der ursprüngliche Besitzer vom Grace Hotel in Bangkok, das sicherlich vielen von Ihnen ein Begriff sein wird, außerdem habe ich schon zwei Geschichten über dieses Hotel erzählt, ein Deutscher.

Da er als Deutscher jedoch keine Geschäfte tätigen durfte, machte er das Projekt unter dem Namen seiner Thaifrau (schon wieder einer).

Als nach einiger Zeit klar war, daß die Geschäfte bombastisch laufen, teilte ihm seine Frau eines Tages mit, daß er nun wieder zurück nach Deutschland fliegen könne, denn sie würde ihn nicht mehr brauchen.

Natürlich fragte er sie, ob sie einen „Vogel" hätte, das wäre „sein" Hotel, mit „seinem" Geld erbaut.

Zwei Wochen später wurde er auf der Straße hingerichtet - angeblich Raubmord;

wer's glaubt.

Letztes Jahr hatten zwei Ausländer eine Bar in Pattaya, Second Road, kurz vor der Soi 9, auf der linken Seite für 1,2 Mio. Baht abgelöst und nochmals 400.000 Baht in den Umbau investiert.

Sechs Wochen später wurde das ganze Gelände geschlossen und alle Gebäude darauf abgerissen, für den Bau eines neuen Hotels.

Die beiden hatten keine Chance ihr Geld wieder zurück zu bekommen.

Noch krasser erging es zwei Ausländern, die zwei Mio. in eine gerade angemietete AGoGo Bar, ebenfalls in der Second Road, allerdings auf der rechten Seite, investierten.

„Eine" Woche später wurde die Bar geschlossen und das gesamte Gelände dem Erdboden gleichgemacht.

In beiden Fällen waren die Ausländer vorher beim Landoffice, um sich zu erkundigen, ob mit ihrem geplanten Objekt alles in Ordnung wäre.

Sie erhielten jeweils die Auskunft, daß nichts gegenteiliges vorliegen würde.

Dennoch hat man hier keine Chance, und schon gar nicht als Ausländer, auch nur einen Baht zurückzuerhalten.

Da sieht man mal wieder, wie kurzfristig denkend und wie wenig Geschäftsleute die Thai's doch eigentlich sind.

In Pattaya, wieder in der Second Road, gibt es einen Barkomplex, in dem täglich ab 21:00 Uhr eine Travestie-show aufgeführt wird.

Die Show ist nicht sooo hochwertig, wie z.B. im Tiffany's, aber dafür kostet sie nichts.

Im Tiffany zahlt man immerhin 800 Baht für einen einigermaßen akzeptablen Sitzplatz.

In diesem Komplex zahlt man lediglich 40 Baht für einen Mekong/Coke und das war's.

Schon 'ne feine Sache.

Ich gehe dort wegen meiner Tochter hin, weil sie immer so gerne die "Prinzessinnen" (so bezeichnet sie die Ladyboy's) in ihren schönen Gewändern sieht.

Und wir können auch nur dann hingehen, wenn sie tagsüber ein paar Stunden geschlafen hat.

Man hat natürlich eine Stammbar, wo man immer sitzt und wo die Bedienungen auch freundlich sind.

Nachdem wir bereits acht oder neun Mal dort waren, berechnete die Kassiererin plötzlich 50 Baht für den Drink.

Es geht dabei wirklich nicht um die Sch.... zehn Baht, sondern vielmehr ums Prinzip.

Außerdem, wenn man immer alle Preise widerspruchslos akzeptiert, dann werden sie von Jahr zu Jahr teurer.

So kostete z.B. vor 25 Jahren in der Marinebar ein Cola **„drei Baht"**, man gab natürlich fünf Baht; ein Jahr später kostete es bereits **„fünf Baht"**, man gab zehn Baht und ein weiteres Jahr später kostete das Cola bereits **„zehn Baht"**, die zwei Baht Trinkgeld, die man dann gab wurden jedoch hochnäsig zurückgeschoben.

Man merke die Preissteigerung von drei zu zehn Baht in nur zwei Jahren.

Ich meinte also, das könne nicht sein, der Mekong/Coke hätte immer nur 40 Baht gekostet.

Da herrschte mich diese Bedienung an, das stimme nicht, der Drink kostet immer schon 50 Baht und ich müsse mich irren.

Ich teilte ihr im ruhigen Ton mit, daß sie es lieber nochmal überdenken solle, denn ich würde natürlich zahlen, aber es wäre das letzte Mal gewesen, daß ich an dieser Bar sitzen würde.

Zur Sicherheit hatte ich kurz vorher nur mal eben an der Nachbarsbar gefragt, wieviel dort der gleiche Drink kosten würde - 40 Baht.

Sie bestand auf den 50 Baht pro Drink.

Alles klar - "ich" war nicht der Verlierer.

Als wir das nächste Mal wieder kamen, gingen wir schnurstracks zu der Nachbars-Bar, die sich übrigens direkt an der Bühne befand.

Dort wurden wir aufs herzlichste empfangen und umsorgt - ein Mädchen spielte immer mit meiner Tochter - und der Drink kostete 40 Baht.

Die Welt war wieder in Ordnung.

Schade, daß es in Thailand keine Kontinuität gibt.

Kaum waren wir sechs- bis siebenmal an dieser Bar, schon hatten die Mädchen kein Interesse mehr uns zu umsorgen oder etwa freundlich zu lächeln.

Letzthin saß ich ca. 15 Minuten vor einem leeren Glas und selbst dann hätte es niemand bemerkt, wenn ich mich nicht verstärkt bemerkbar gemacht hätte.

Wir waren schließlich schon Stammgäste, da muß man sich nicht mehr bemühen, die kommen ja sowieso.

Donnerstag spiele ich immer Billard mit einem Kanadier, der mir unlängst auch einige Story's erzählte.

Er klagte letztes Jahr über Schmerzen in der Brust.

Daraufhin ging er zu verschiedenen Ärzten, die ihm jedoch nicht helfen konnten, bis er dann ins Pattaya-Bangkok Hospital ging.

Dort fand der zuständige Arzt binnen 20 Minuten die Ursache - Gallensteine.

Der Arzt meinte, daß die Operation 300.000 Baht = in etwa 6.000 Euro kosten würde.

Der Kanadier ging dann zu seiner thailändischen Krankenversicherung - BUPA -, die er erst kürzlich abgeschlossen hatte.

Die Mitarbeiter dort bedauerten es sehr, daß er keine Deckung für diese Operation hätte, da im Kleingedruckten stände, daß unter anderem, Gallensteinoperationen wenn sie im ersten halben Jahr des Versicherungsschutzes auftreten, nicht versichert wären.

Und da dies bei ihm nun der Fall sei, wären Gallensteine bei ihm nun überhaupt nicht mehr versichert, „na merci".

Da er normalerweise immer im Ausland, wie z.B. in Kurdistan arbeitete und derzeit wieder auf einen neuen Job wartete, war er momentan ohne Arbeit.

Das bedeutete, daß er auch nicht sehr hohe finanzielle Mittel zur Verfügung hatte.

Daher kam dieses, natürlich sehr gute aber auch sehr teuere, Hospital für ihn nicht in Frage.

Er fragte noch in einem anderen lokalen Krankenhaus nach; die würden nur 60.000 Baht berechnen.

Dann stieß er irgendwie auf ein Navyhospital, natürlich unter Thaileitung.

Es hieß nur noch so, hatte jedoch mit der Navy nichts zu tun und dort bot man ihm die Operation für nur 35.000 Baht an, was **für ein Glück ????????**

Nach der Operation fühlte er sich bereits innerhalb der ersten 24 Stunden wesentlich besser.

Jedoch nach drei Tagen verfärbte er sich plötzlich (vielleicht haben die ihn in ein Chamäleon umoperiert) - er wurde gelb wie eine Zitrone.

Er wurde sofort erneut operiert und dabei stellten sie fest, daß sie die Leitung/Schlauch/Darm oder wie auch immer das heißt (bin ja schließlich kein Arzt, sonst müßte ich kein Buch schreiben) von der Galle zum Magen vergessen hatten.

Da es jedoch auf Operationen in Thailand keine Garantieleistung gibt, mußte er auch diese Operation, die übrigens 2,5 Stunden dauerte, wieder bezahlen.

Das war jetzt wenigstens ausgestanden, - von wegen -!.
Nach ca. einer Woche, er lag noch immer im Krankenhaus, verschlechterte sich sein Zustand plötzlich zusehends.

Er hatte einen unheimlichen (das trifft den Nagel auf den Kopf) Druck im Magen, sowie extreme Atembeschwerden.

Nach zehn Tagen konnte man direkt zusehen, wie es ihm "minütlich" schlechter ging, er konnte kaum mehr atmen.

Auf die Frage von ihm an den Arzt, was nun geschehen solle, antwortete dieser, „er wisse es nicht, da er keine Ahnung hatte, was mit dem Kanadier los wäre".

Mein Bekannter heulte wie ein Schoßhund, wie auch seine Frau.

Ihm war plötzlich klar, daß sie ihn hier einfach sterben lassen wollten.

Er rief sofort einen guten Freund an, der gerade zu Besuch war.

Der holte ihn ab und brachte ihn unverzüglich ins Pattaya-Bangkok Hospital (also doch).

Der dort zuständige Arzt sagte ihm sofort nach drei Minuten auf den Kopf zu was ihm fehlte - die Verbindung zwischen Galle und Magen war porös und daher hatte sich sein ganzer Bauchraum bereits gefüllt und die Lunge nach oben geschoben.

Er nutzte derzeit nur noch knapp ein Drittel seiner Lungenkapazität, daher auch das schwierige Atmen.

Der Doktor machte sofort eine Notoperation, die „neuneinhalb" Stunden dauerte.

Jetzt ist wieder alles okay und dafür ist er in etwa **800.000 Baht/16.000 €** leichter.

Der Arzt meinte abschließend, wenn er nur noch einen Tag gewartet hätte, hätte er sich das Geld sparen können !!!!!!!
– sehr makaber -

Nachdem er diese Geschichte gerade noch so überlebte, fuhr er zusammen mit seiner Frau wenige Monate später mit seinem geschlossenen Jeep die Südpattaya Straße hoch zur Sukhumvit.

Er stand bereits in der langen Schlange an der roten Ampel, um rechts in die Sukhumvit einzubiegen, als ein 5-Baht Taxi von oben herunterkam und verbotenerweise nach rechts abbiegen wollte.

Mein Billardpartner ließ ihn jedoch nicht rein, da er sonst mit Sicherheit die nächste grüne Welle versäumt hätte und er ein wenig in Eile war.

Er sah den Fahrer des Jeepneytaxi's, das übrigens leer war, schimpfen. Er reagierte jedoch nicht darauf.

Er fuhr bei Grün los, bog nach rechts ab und ordnete sich sofort wieder rechts ein, da er die nächste Straße (Teprasit) schon wieder abbiegen wollte, als plötzlich das Taxi, obwohl es ja ursprünglich von hier kam, neben ihm herfuhr und der Fahrer mit einem Revolver herumfuchtelte und auf ihn zielte.

Seine Frau duckte sich sofort (anstatt sich vor ihn zu werfen, um ihn zu decken; ich würde mich gleich scheiden lassen. Hat er übrigens auch später gemacht, aber nicht wegen dieser Sache, haha).

Vor lauter Schreck machte er eine Vollbremsung und setzte sich hinter das Taxi das nun auch rechts rüber fuhr, da er ja aufgrund des Blinkers wußte, daß mein Bekannter abbiegen wollte.

Der Kanadier ließ dann den 5-Baht Fahrer abbiegen, tat erst so, als ob er auch abbiegen würde und fuhr dann jedoch geradeaus.

Schon wieder knapp mit dem Leben davongekommen.
Er kann jetzt schon drei Geburtstage pro Jahr feiern.

Aber es gibt auch nette Erlebnisse in seinem Leben.

So hat er sich, als er frisch nach Thailand kam, einmal einen Truck, so nennt man die etwas größeren Jeeps, gemietet um mit seiner Frau einen Ausflug auf's Land Richtung Korat zu machen.

Sie waren bereits wieder auf dem Rückweg und er mußte gerade hinter einem liegen gebliebenen LKW stehen bleiben, da ein anderer LKW entgegenkam, als plötzlich von hinten ein Motorradfahrer, der scheinbar übersehen hatte, daß der Kanadier hinter dem LKW "stand", mit voller Geschwindigkeit hinten rechts auffuhr und durch seine Geschwindigkeit unter den entgegenkommenden LKW geschleudert wurde.

Wie durch ein Wunder blieb der Motorradfahrer, bis auf eine gebrochene Hand, nahezu unverletzt.

Mein Bekannter rief sofort die Polizei herbei, die sich auch schon nach zehn Minuten einfand.

Während sie auf die Polizei warteten, fiel ihm ein, daß er weder Führerschein, noch Reisepass dabei hatte.

Der Ärger war also vorprogrammiert.

Der ältere der beiden Polizisten kam dann auch gleich zu ihnen und - oh Wunder - er sprach sogar ein wenig englisch.

Er fragte meinen Bekannten nach seinen Ausweisen (wussten wir doch, oder?) und er mußte unwillkürlich schmunzeln, als er dem Beamten verklickern mußte, daß er ein wenig dümmlich wäre (nicht der Polizist).

Seine Frau teilte dem Polizisten dann mit, daß sie die Frau meines Bekannten wäre, was ja auch dem Namen nach aus ihrem Ausweis (den sie nicht vergessen hatte) ersichtlich war.

Nachdem sie dann auch noch klargestellt hatten, daß der Truck gemietet war und Vollkasko-Versicherung hatte, d.h. der eigene Schaden abgedeckt wäre, war der Polizist sehr zufrieden.

Er meinte sehr freundlich „das wäre nicht so schlimm, mit den Ausweispapieren, sie könnten diese auch per Fax übermitteln".

„Außerdem wären sie ja an dem Unfall gar nicht schuld".
„Sie könnten jetzt weiterfahren und wenn sie das nächste Mal in der Gegend wären, dann sind sie aufs herzlichste eingeladen, das Polizeirevier kennenzulernen" (horch, ich hör Dir trapsen).

Mein Bekannter brachte dann auch schön brav, als er das nächste Mal in der Gegend war, eine Flasche Johnnie Walker, Black Label ins Polizeirevier.

Die Freude war groß.

Ist es denn so verwunderlich, daß ich ein korrektes Verhalten meiner Mitmenschen erwarte?

Mein Nachbar z.B. sagt ich wäre kleinlich und geizig, nur weil ich nicht mit Geld um mich schmeiße und auch immer jede Rechnung der Restaurants in denen ich speise kontrolliere; wie Sie ja bereits wissen, mit Recht.

Da waren wir z.B. letztens in einem "All you can eat - make yourselve" Restaurant.

Das heißt übrigens nicht, daß man es sich selbst machen soll (Schweinderl, kleine), sondern man kann sich sein Essen selbst auf dem Tisch zubereiten.

Wir waren fünf Erwachsene und drei Kinder.

Natürlich schnappte ich mir die Rechnung, um sie zu kontrollieren, als mir mein Nachbar auch schon 500 Baht, wie einem Hund, hinwarf und mir mitteilte, daß er nicht mehr mit mir Essen gehen würde, häh ???????????

Am nächsten Tag war ich, wider Willen, am Nachmittag um 13:00 Uhr mit einem Deutschen im Mega Break zum Billard verabredet.

Wider Willen deshalb, weil es erstens Frühnachmittags war, wo ich wirklich was besseres zu tun hatte, wie z.B. Tennis spielen oder schwimmen gehen und zweitens gehe ich ungern ins Megabreak, weil die mit Ihrer Stundenabrechnung immer „betrügen", das muß man jetzt einfach so deutlich sagen.

Meistens nur um ein paar Baht, aber auch schon mal um eine ganze Stunde.

Ich wollte jedoch etwas wichtiges besprechen, daher biß ich in den sauren Apfel.

Und es kam wie es kommen mußte: unsere Anfangszeit (die wird immer auf eine Tafel geschrieben) war 13:31 Uhr, nach meiner Uhr 13:28 Uhr, denn die aufgeschriebene Zeit kann niemand kontrollieren, da es in der ganzen Bil-lardhalle (immerhin etwa 15 Tische) keine einzige Uhr gab - da könnte der Kunde ja bemerken, daß er besch........ wird.

Wir hörten dann nach meiner Uhr um 13:23 Uhr auf und es wurden 248 Baht berechnet.

Eine Stunde kostet übrigens 240 Baht, d.h. wir haben zwar nur 55 Minuten gespielt was dann bei der Minuten-abrechnung im Megabreak (übrigens ohne Computer) nur 220 Baht kosten würde, durften dennoch mehr als eine Stunde bezahlen.

Und so machen die das jedes Mal, da kommt pro Monat eine Summe von 20.000 bis 30.000 Baht zusammen und damit finanzieren sie ihre Gehälter.

Außerdem - mal ganz ehrlich - ist es sowieso, als guter Geschäftsmann, kleinlich und dumm, jede Sekunde zu berechnen, die überzogen wurde.

Natürlich beendet man sein bestehendes Spiel und da gibt es auch viele andere Plätze, die nicht so kleinlich sind. Warum also sollte man im Megabreak spielen.

„Siehst Du, meinte ich zu dem Deutschen, das ist was ich meinte", aber er winkte nur ab und bemerkte, das wäre doch gar nicht so tragisch.

Es ist scheinbar nicht so schlimm, über den Tisch gezogen zu werden ??????????

Schlusswort:

Zum Schluss möchte ich noch die Thai's auffordern, mal den Blick nach Kambodscha, Vietnam oder Laos zu werfen, dann sehen sie mal, wo Thailand heute wäre, ohne uns, ohne den Tourismus.

Und dann sollten sie vielleicht ihr Verhalten und Einstellung uns gegenüber überdenken, denn ohne unser Geld wäre Thailand einfach nur ein schönes Land, sie hätten jedoch keine Einnahmen.

Gut, daß wir darüber gesprochen haben.
Das war „nicht" das Wort zum Sonntag.

Auf Wiedersehen meine Damen und meine Herren, ich hoffe das Buch hat Ihnen gefallen.

Es wird in Kürze ein zweiter Band erwartet.

Inhaltsverzeichnis

Dieses Buch ist anders wie alle anderen Bücher, die Sie jemals gelesen haben.

Die Kurzgeschichten über Thailand sind mit Witz, aber doch zum Nachdenken anregend geschrieben.

Es handelt über das tägliche Leben und die Einstellung der Thai's gegenüber den Ausländern.

Es ist teilweise spannend aber auch lehrreich und das besondere ist, der Autor bezieht den Leser in das Buch ein - er spricht mit ihm.
Sie werden am Ende des Buches schon ungeduldig auf die Herausgabe des zweiten Bandes warten.

Wie sagte Rudi Carrell so schön:

"lassen Sie sich überraschen".

Herstellung und Verlag:
BoD - Books on Demand, Norderstedt
ISBN 978-3-7357-8024-9

9 783735 780249